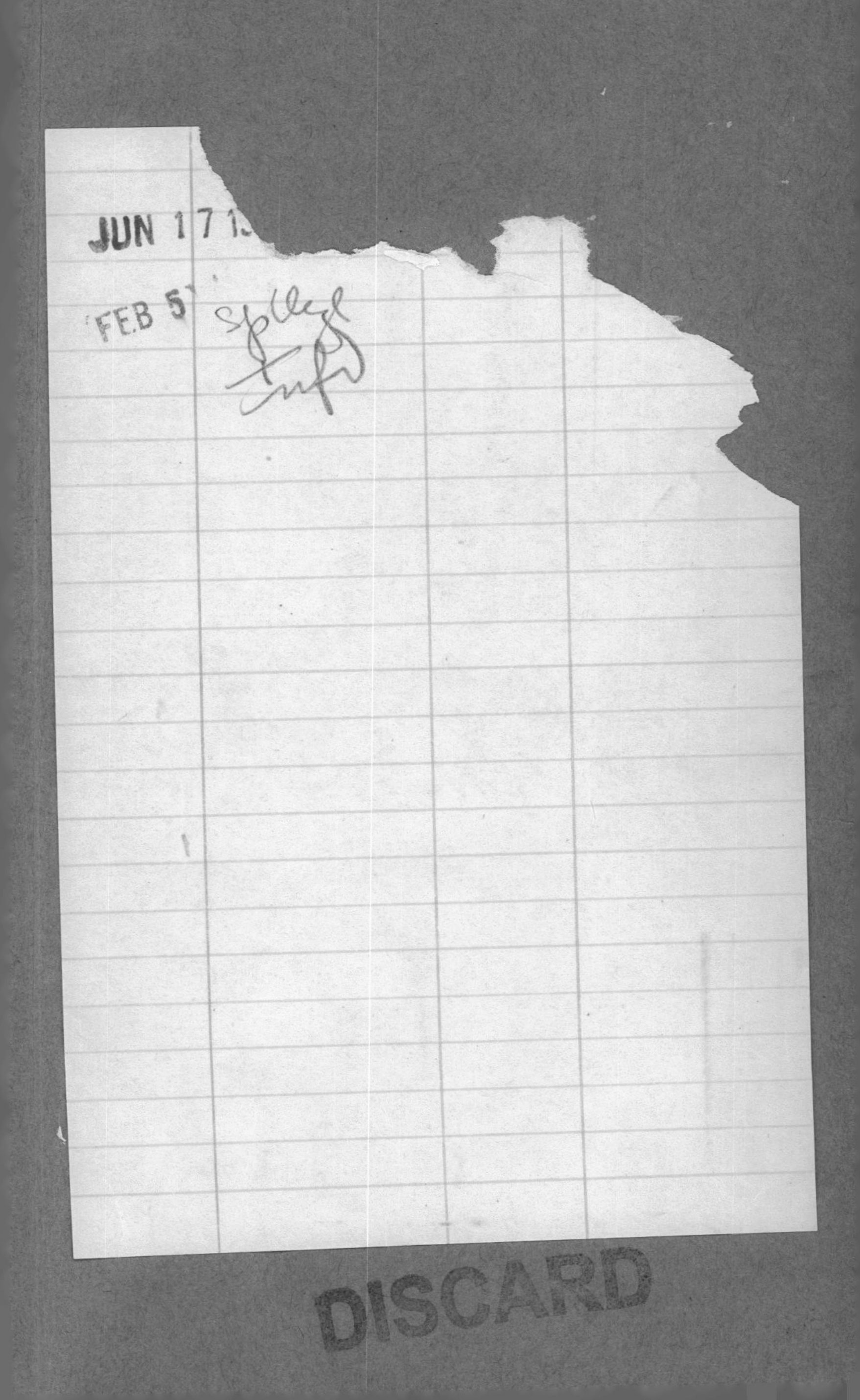
JUN 17 1
FEB 5

Geschichte

der

christlichen Philosophie

von

Dr. Heinrich Ritter.

Erster Theil.

Hamburg,
bei Friedrich Perthes.
1841.

Vorrede.

Die Fortsetzung dieser Geschichte der Philosophie ist anfangs durch Vorsatz, nachher durch eine zweite Auflage, welche nöthig geworden war, zuletzt durch ungünstige Umstände unterbrochen worden. Erst jetzt nach sieben Jahren habe ich sie wieder mit neuem Muthe beginnen können. Wenn Gott giebt, hoffe ich sie nun ohne Unterbrechung durchzuführen. Der zweite Band der christlichen Philosophie soll noch in diesem Jahre erscheinen. Er wird die Geschichte der patristischen Philosophie zu Ende bringen.

Man wird vielleicht befürchten, daß dies Werk einen zu großen Umfang erhalten dürfte, wenn man findet, daß ich zwei Theile der Philosophie unter den

Kirchenvätern gewidmet habe. Dieser Furcht mag die Erklärung begegnen, daß ich diese Philosophie gegen die gewöhnliche Meinung für wichtiger halte, als die Philosophie unter den Scholastikern.

Wenn die Neuheit einem Werke zur gerechten Empfehlung dienen könnte, so würde diese dem vorliegenden und folgenden Bande nicht fehlen. Denn die patristische Philosophie ist von ihren bisherigen Geschichtschreibern nur sehr oberflächlich bearbeitet worden. Hat sie doch Tennemann nur wie eine gleichartige Masse ohne fortlaufende Unterscheidung der Zeiten und des Entwicklungsganges behandelt. Dieser Mangel ist in neuern Zeiten wohl öfter gefühlt worden. Ihm abzuhelfen hat jedoch, so viel ich weiß, nur Braniß die Hand angelegt, welcher in seiner Disputation: de notione philosophiae Christianae (Breslau 1825) eine Probe von der Art gab, wie seiner Ansicht nach die christliche Philosophie behandelt werden müßte. Er versprach damals auch eine Entwicklungsgeschichte des christlichen Geistes zu geben, von welcher ich nicht weiß, ob ihre Erscheinung noch gehofft werden darf. Gern würde ich sie benutzt haben; wie auch seine Probe mir ersprießliche Dienste für die Lehren des Justinus, Irenäus und Tertullianus geleistet hat.

Mehr Hülfe als aus den Geschichtschreibern der Philosophie habe ich aus den Arbeiten der Theologen schöpfen können. Sie verfolgen aber meistens einen andern Zweck, als ich. Ihnen kam es hauptsächlich darauf an die Entwicklung der christlichen Lehrsätze aus ihren positiven Anknüpfungspunkten an das Licht zu ziehen; meinem Unternehmen gemäß mußte ich es zu meiner Aufgabe machen die Spuren des philosophischen Nachdenkens in den Schriften der Kirchenväter aufzusuchen. So wie mir nun jene Arbeiten der Theologen doch eine sehr nützliche Hülfe gewesen sind, so hoffe ich, daß auch meine Arbeit für die Theologen nicht ohne Nutzen sein wird. Ich hoffe es mit Bescheidenheit; denn ich weiß, daß jede neue Bahn ihre Gefahren hat; ich ahnde, daß ich manche Fehler gemacht, manches übersehen haben werde in einem Gebiete, welches dem Theologen natürlich besser bekannt sein muß, als dem Philosophen; mich tröstet dabei, daß ich überall redlich aus den Quellen geforscht habe. Einige Nachsicht darf mir wohl die Beschaffenheit dieser Quellen zu Wege bringen. Selbst den, welcher sie mit einem wahren Antheil an ihren Gedanken durchmustert, ermüdet oft ihre Länge.

Noch eine Kleinigkeit. In den ersten Bänden dieser Geschichte habe ich bei den Namen Griechischer Schriftsteller immer die Griechische Schreibung nachgeahmt. In diesem Bande bin ich davon abgewichen und habe die Lateinische Schreibung vorgezogen, weil Namen wie Eirenäos, Klemes für Irenäus, Clemens uns zu fremdartig klingen.

S. 227 Z. 6 v. u. ist für: aber wenn man bedenkt, zu lesen: aber man muß bedenken.

Inhalt.

Erstes Buch.

Einleitung in die Geschichte der christlichen Philosophie überhaupt und in den ersten Abschnitt derselben.

Zweites Buch.

Übergänge aus der alten in die christliche Philosophie. Gnostische Secten und verwandte Bestrebungen.

Drittes Buch.

Die Apologeten und die Polemik gegen die Gnostiker.

Erstes Buch.

Einleitung in die Geschichte der christlichen Philosophie überhaupt und in den ersten Abschnitt derselben.

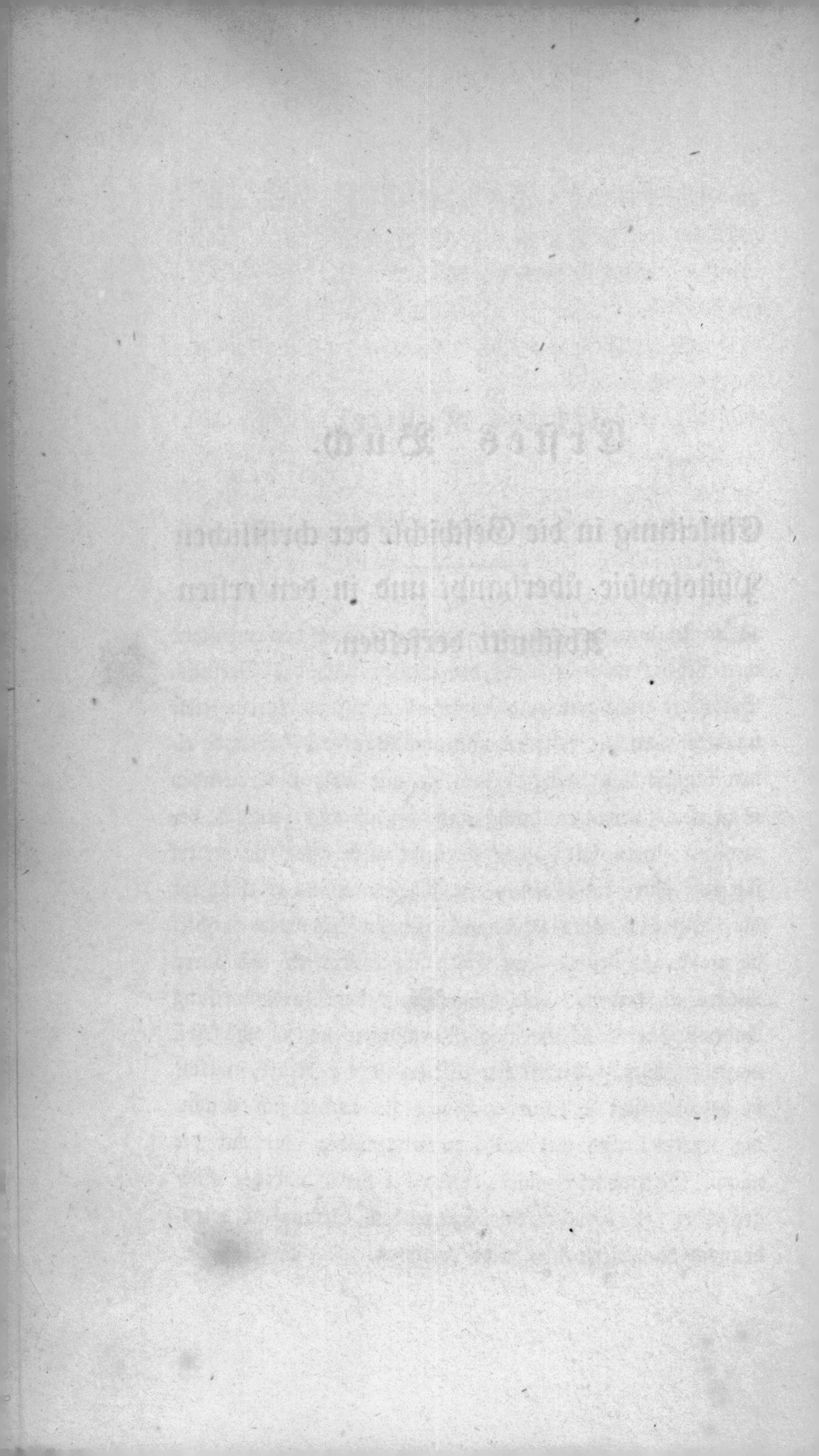

Erstes Kapitel.

Über den Begriff der christlichen Philosophie.

Die Philosophie hat, wie andere Dinge des menschlichen Lebens ihre Perioden der Blüthe und des Verfalls. Sie fliegt nicht wie eine abgeschossene Kugel ihrem Ziele unaufhaltsam zu, sondern wie ein Wanderer, welcher einen langen Weg hat, beginnt sie mit weit ausgreifenden Schritten, ermattet dann und pflegt auch einmal der Ruhe. Ihren Weg weiß sie nicht allzu gut; sie verirrt sich zuweilen; dann besinnt sie sich; zuweilen erlahmt ihr die Kraft und ihres Irrthums gewahr geworden fürchtet sie wohl gar früher das Ende ihrer Kräfte, als ihres Weges zu finden. Sie bedarf auch der Zurechtweisung Anderer, deren Winke und Warnungen sie jedoch selbst verstehen muß. Glücklicher Weise ist die Kraft, welche sie belebt, nicht so leicht erschöpft; sie erneut sich beständig wieder, und wer nicht zu ungeduldig nur auf die nächste Gegenwart rechnet, wird bei der Länge des Weges, bei der oftmals sich erneuenden Gefahr zu irren, dennoch das Vertrauen nicht verlieren.

Die sich kreuzenden Wege unseres Lebens weisen uns darauf hin, daß viele Zwecke durch dasselbe betrieben werden sollen. Wer den Zweck der Welt allein im Menschen sucht, der mag sich darüber wundern, daß die Bahn der Geschichte nicht gerader vorwärts strebt. Wer den Zweck des menschlichen Lebens allein in der Wissenschaft sucht, und den Zweck der Wissenschaft allein in der Philosophie, der mag fragen, warum die Wissenschaft, warum die Philosophie nicht ohne alle Irrungen ihrem Ziele zueilt. Wer dagegen weiß, daß alle menschliche Bestrebungen unter einander in einem gewissen Gegensatze stehen und deswegen theilweise sich hemmen und wie in einem innern Zwiste um die Herrschaft kämpfend nur mühsam weiter gelangen; wer weiß, daß in einem ähnlichen Verhältnisse auch die Philosophie zu den übrigen Wissenschaften und der Mensch zu der übrigen Welt steht, der wird sich weder wundern noch fragen in der angegebenen Weise, sondern der Vorsehung danken, daß sie unter den offenen Kämpfen dieser Dinge auch eine geheime Eintracht unter ihnen bewahrt hat, welche uns die Hoffnung verbürgt einst nach vielen Schwankungen unserer Schicksale unsern Weg mit größerer Sicherheit finden zu lernen. Wir sind eben noch nicht zu der Vollkommenheit gekommen, in welcher alle Zwecke zugleich in gleichem Maße betrieben werden könnten. Während wir den einen verfolgen, muß der andere ruhn; das überwiegende Interesse für den einen schadet dem andern, und nach entgegengesetzten Seiten gezogen, können wir keine gerade Bahn in unserm Fortschreiten halten.

Diese Betrachtungen drängen sich uns sehr lebhaft auf

bei dem Beginn der Geschichte der christlichen Philosophie. Wir sehen hier einen langen Zeitraum vor uns, in welchem nur sehr langsame Fortschritte der Philosophie geschahen, Fortschritte, welche überdies nur in einem sehr bedingten Sinn als solche gelten können; denn sie beruhen auf einem Boden, welcher zwar an sich sicher genug sein mag, dessen Sicherheit aber doch philosophisch keineswegs ermittelt ist. Sie sind daher auch spätern Zeiten nur wie ein luftiges Hirngespinst erschienen, wie das Schaustück eines grübelnden Scharfsinns, der wenigstens theilweise von falschen Voraussetzungen oder von unerwiesenen Annahmen ausging. Vergleicht man die philosophischen Gedanken dieser Zeiten mit dem, was frühere Zeiten in dieser Art geleistet hatten, so kann man denen nicht ganz Unrecht geben, welche darin nur den Verfall alternder Völker und eine einbrechende Barbarei haben erblicken wollen. In der That jene Zeiten sind vorüber, in welchen der jugendliche Geist der Forschung ein philosophisches System nach dem andern hervortrieb, in welchem man die gesetzmäßige Beweglichkeit des denkenden Geistes in einem kühnen und doch sichern Überblick festzuhalten, in welchem man die Natur und die handelnde Vernunft und das ganze Gebiet der Wissenschaft forschend zu umspannen wußte. Die Philosophie ist von jeher eine Sache nur weniger Menschen gewesen und auch nur wenige Völker haben sich ihrer bemeistern können. In alter Zeit vor allen die Griechen. Nachdem nun der Staat und das freie Leben dieses Volkes gesunken war, konnte auch die Philosophie — denn sie gedeiht nur in der Freiheit — ihm nicht getreu bleiben. Nur noch in schwachen

Abbildern, frühere Gestaltungen der Wissenschaft wiederholend und mischend, andern Verhältnissen sie anbequemend fristete sie jetzt ein schwaches Leben; denn an die Stelle der Griechen war kein anderes Volk getreten, welches mit gleichem Eifer den Wissenschaften überhaupt und der Philosophie im Besondern sich gewidmet hätte. Die Römer sind nur Schüler der Griechen fast in allen Werken der Schrift geblieben. So war denn das philosophische Forschen schon vor der Zeit Christi von der Höhe, auf welche es Platon, Aristoteles und auch noch die ersten Stoiker hinangetrieben hatten, tief herunter gesunken. Die Systeme waren Sache des Gedächtnisses geworden. Nur noch von einzelnen Bestrebungen und Richtungen des Geistes ausgehend fühlte man jetzt vorübergehend und bruchstückweise zu philosophischen Gedanken sich erregt und wagte den Geist zur Erfindung anzuspannen. Was nun in dieser Weise sparsam und mit Mühe zur Geburt gebracht wurde, das durfte allerdings wohl noch als Fortschritt in der philosophischen Entwicklung sich geltend machen, aber solche Fortschritte geschahen jetzt nur auf Kosten eines viel wichtigern Erfordernisses der Philosophie, nur mit Verlust des zusammenfassenden Geistes in der Wissenschaft, welcher allein den Werth einer jeden einzelnen Erfindung zu bestimmen berechtigt ist.

Diese Zeit aber, in welcher die Philosophie feierte oder nur in einseitigen Entwicklungen sich abmühte, war dennoch im höchsten Grade fruchtbar für die Bildung der Menschheit. Wenn wir auch absehn von allen Voraussetzungen, welche über die Geschichte hinausgehn, d. h. von den Verheißungen unserer Religion, deren Erfüllung über alle Zeit hinausliegend in der Wirklichkeit natürlich nicht nachgewiesen werden kann, so glauben wir doch, daß niemand, welcher die Geschichte kennt und das Wichtigere von dem weniger Bedeutenden in ihr zu unterscheiden weiß, dies wird leugnen können. Es war die Zeit, welche das Abendland mit dem Morgenlande in eine regere und geistigere Verbindung brachte und dadurch zugleich die Volksthümlichkeit der alten Staaten auflöste und die Gründung neuer Staaten vorbereitete. Es ist unverkennbar, welche große Veränderung daraus hervorgegangen ist, daß die Art der religiösen Denkweise, welche im Orient ihren Ursprung hatte, nach dem Abendlande sich verbreitete, anfangs in einer Gährung der verschiedenartigsten Elemente, bis zuletzt die Form der Religion, welche unter den Juden sich ausgebildet und nach manchen Schicksalen in das Christenthum sich umgesetzt hatte, über alle übrige den Sieg davontrug. Jetzt erst kam an die Europäischen Völker und Staaten, welche seit Jahrtausenden die Geschichte der Menschheit geleitet haben, die Verehrung eines Gottes, welcher nicht einzelne Orte der Erde und einzelne Staaten zu besonderem Wohlgefallen und zu besonderer Verherrlichung sich ausgewählt hat, sondern alle Menschen mit gleicher Vorsorge bedenkt; jetzt erst gründete sich eine kirchliche Gemeinschaft der Menschen neben dem Staat, eine Gemeinschaft, welche, indem sie die Fesseln der alten Volksthümlichkeiten zerbrach, Griechen und Römer und Barbaren zu einer Gemeinde eines Herrn vereinigte und das Streben mit Bewußtsein in sich trug über die ganze Menschheit sich zu verbreiten, somit auch ein anderes und allgemeineres Interesse erweckte, als die Vaterlandsliebe der alten Völker hatte erregen können. Man müßte die Bedeutung der Weltgeschichte überhaupt verkennen, wenn man die große Bedeutung dieser Umwandlung der Denkweise verleugnen wollte; denn eben erst durch diese Umwandlung ist die Weltgeschichte geworden; früher gab es nur Geschichten einzelner Völker, welche zwar Berührungen unter einander und einen äußern Zusammenhang hatten, aber doch sich nicht bewußt waren, daß sie in einem gemeinsamen Interesse den Mittelpunkt ihres innersten Lebens zu suchen hätten.

Nun ist es wohl bekannt genug, welchen großen Einfluß jenes Eingreifen der orientalischen Religion in das Leben der Europäischen Völker auf den Gang der neuern Geschichte ausgeübt hat. Man weiß, wie damit die erste Bildung der Germanischen und Slavischen Völkerschaften in nächster Verbindung steht, wie die Europäischen Völker im Christenthum ihren Zusammenhang und ihren Gegensatz gegen die Asiaten gefunden haben, wie Wahrheit und Wahn noch in unserer jetzigen Denk- und Handlungsweise davon abhängig sind. So wird man die weitgreifenden Folgen der Zeiten, von welchen wir sprechen, nicht übersehen können, sollte man auch der christlichen Religion durchaus fern stehen. Aber das ganze Gewicht jener Folgen wird nur der genügend schätzen können, welcher selbst dem Christenthume anhängt und in ihm nicht allein eine gewaltige Macht, sondern auch die wahre und allein wahre Religion erkannt hat. Ein solcher wird von der Überzeugung ausgehn, daß in jenen Zeiten der Grund einer Entwicklung gelegt wurde, welche immer mehr und mehr die Welt beherschen und vereinigen soll, daß sich von damals her ein Geist verbreitet hat, welcher den Menschen unwandelbare Güter zu gewinnen bestimmt ist.

Man wird allerdings in den Erscheinungen des Christenthums auch etwas Wandelbares und Vergängliches anerkennen müssen; denn dem Wandel ist nichts enthoben, was unter den Menschen sich entwickelt; unsere Geschichte wird uns noch häufig darauf zurückführen, daß auch die Lehre des Christenthums nicht immer dieselbe gewesen und daß selbst unter den Männern, welche die kirchliche Lehrweise gründen und ausbreiten halfen, wesentlich verschiedene Richtungen der Wissenschaft geherscht haben; daher sind wir auch weit davon entfernt denen beizustimmen, welche das Wesen des Christenthums in einer bestimmten Summe von Lehren oder von ein für allemal festgestellten Formeln suchen. Vielmehr ohne den Werth solcher Formeln zu verkennen, welche einem durchgebildeten Gedanken in irgend einer Sprache einen bezeichnenden Ausdruck geben, halten wir uns doch daran, daß jeder sprachliche Ausdruck über Dinge der Religion dem Wechsel unterworfen ist, kaum ohne Veränderung des Sinnes aus der einen in die andere Zeit, viel weniger aus der einen in die andere Sprache übertragen werden kann, und daß daher das Ewige im Christenthum durch solche wandelbare Formen nur schwach zu bezeichnen ist. Das Ewige im menschlichen Leben ist nur in seinem lebendigen Grunde zu suchen, welcher in der zeitlichen Erscheinung nur auf eine unzulängliche Weise sich ausdrückt; dies gilt eben so sehr von der Religion wie von andern Erzeugnissen des vernünftigen Lebens. Daher haben auch weder kirchliche Lehre, noch kirchliches Leben dem ewigen Geiste des Christenthums jemals vollkommen entsprochen oder entsprechen können. Selbst wenn man Leben und Lehre des Heilandes der Welt uns zum Muster aufstellt, ist man genöthigt zuzugestehn, daß sie unter veränderten Verhältnissen auch nur in veränderter Weise als Muster gebraucht werden können oder daß wir auf den Geist zurückgehen müssen, welcher in ihnen sich aussprach, um darin unser Vorbild zu erblicken. So haben wir auch bei der Betrachtung dieses Theils der Geschichte dieselbe Aufgabe, welche wir nirgends von uns weisen dürfen, das Wesentliche aus seinen zufälligen Beiwerken herauszuschauen.

Nach den so eben angestellten Betrachtungen dürfen wir nun auch nicht hoffen irgend einen völlig genügenden Ausdruck zu finden, welcher den Geist des Christenthums bezeichnen könnte. Dennoch da wir von seinen Wirkungen in der Philosophie sprechen wollen, müssen wir es versuchen uns über ihn deutlich auszusprechen. Wir finden ihn in der Verheißung des ewigen Lebens, d. h. der Vollendung aller Dinge in der geistigen Vereinigung mit Gott, der Wiederbringung aller vernünftigen Wesen zu einem Reiche der verklärten Herrlichkeit seiner Geschöpfe. Wem dieser Ausdruck zu einfach sein sollte, weil er nicht alle Grundartikel des christlichen Glaubens enthält, möge bedenken, ob er nicht dennoch allen Reichthum der christlichen Lehre und des christlichen Lebens und Strebens in sich enthalte. Was suchen wir anders als die Erlösung von allem Übel, nicht durch Vernichtung, sondern durch Vollendung unseres Seins, so daß alle Mühen des zeitlichen Lebens in die ewige Seligkeit sich auflösen? Alles, was wir sonst noch suchen oder setzen mögen, muß als eine Bedingung oder als ein wesentliches Bestandtheil dieses einen, welches Noth thut, sich nachweisen lassen. Diese Verheißung nun des ewigen Lebens, durch unsern Heiland der Menschheit verkündigt, hat von da an die Christen mit Glauben erfüllt, die Kirche gegründet, das Leben erbaut; da ist eine neue Hoffnung in die Seelen der Menschen gekommen und in dieser Hoffnung haben sie ein neues Leben begonnen. Dies ist die Epoche der Geschichte, in welcher die von Gott abgefallene Menschheit sich zu ihm wieder bekehrt hat, die Epoche, welche die neue Geschichte begründet, eine Epoche, der keine zweite ihr gleiche folgen wird; denn die Verheißung, von welcher sie ausgeht, wird in keiner Zeit erfüllt werden.

Nicht ohne Absicht haben wir den Begriff der Verheißung oder, will man sich anders ausdrücken, der frohen Botschaft gewählt um das Charakteristische der christlichen Religion auszudrücken. Denn es kommt uns wesentlich darauf an, den Beginn der neuen Geschichte als einen solchen zu bezeichnen, welcher nicht durch irgend eine Erkenntniß eingeleitet werden konnte und daher weder auf empirischem, noch auf philosophischem Wege zu gewinnen war. Was verheißen wird, kann natürlich nicht erfahren worden sein; aber auch von der philosophischen Erkenntniß wird wohl anzuerkennen sein, daß sie zu ihrer Entwicklung einer Anregung durch die Erfahrung bedarf; denn zwar sieht die Philosophie ihrer Natur nach von dem Gegenwärtigen und Bisherigen ab auf das Ewige und das endliche Ziel aller Dinge; aber sie vermag es doch nicht das Zukünftige in einer andern Weise zu verheißen, als in welcher die Erfahrung von dem Gange der Dinge es zu erschließen erlaubt. Das Höchste, was sie leisten kann, ist den gegenwärtigen Standpunkt der menschlichen Bildung im wissenschaftlichen Bewußtsein auszudrücken. So lange nun die Menschen in der Gewalt der Sünde lebten, in einer feindlichen Entzweiung unter einander, zwar nicht ohne Gewinn sinnend und trachtend, aber dennoch nur solche Erzeugnisse zu Tage fördernd, welche im Gewinn des einen Volkes den Verlust des andern zu tragen schienen, konnten sie auch das Leben nur wie einen Streit entgegengesetzter Bestrebungen ansehn, welche sich gegenseitig beschränken müßten und ein vollkommenes, in sich einiges Ergebniß hervorzubringen nicht im Stande wären. Die wahre Hoffnung auf das vollkommene Leben war mit diesem Zustande nicht vereinbar; man konnte sich eine Besserung versprechen, aber keine Erlösung von allem Übel. Wer aber nicht hofft, der vermag auch nicht in irgend einem philosophischen Gedanken, welchen er fest zu halten im Stande wäre, die Verwirklichung dessen, was er nicht hofft, sich zu versprechen. Daher war für die alte Zeit nur ein Doppeltes möglich, entweder Entsagung auf das höchste Gut, weil es zu gewinnen dem Leben widerspreche, oder Entsagung auf das Leben überhaupt, Zurückziehung von demselben in seine leidenlose Seele. Doch wer diesen letzten Weg einschlagen mochte, der konnte sich doch nicht völlig verleugnen, daß er damit zugleich den wahren Weg der Entwicklung sich abschneide; und wer dem erstern folgte, der konnte auch nicht völlig dem höchsten und allein wahren

Gute entsagen, so daß im Bewußtsein der alten Welt in der That immer nur ein Schwanken zwischen den beiden unerreichbaren äußersten Enden dieser entgegengesetzten Richtungen bleiben konnte. Sie weissagte wohl von dem Ende aller Dinge; aber an ihre eigene Weissagung konnte sie nicht fest glauben. Aus diesem Zustande eines in sich gespaltenen Bewußtseins mußte die Menschheit einmal heraustreten, um mit Absicht ihren letzten Zweck verfolgen zu können, und dies ist die Thatsache ihrer Erlösung.

Natürlich hat diese Thatsache eine doppelte Seite, wie alles, was wir Gutes in der Welt werden sehen, eine göttliche und eine menschliche. Von der erstern zu sprechen, ist in dieser Geschichte nicht unseres Amts, sondern nur die zweite haben wir zu betrachten. Auch von dieser Seite stellt sich uns die Erlösung des Menschen von der Last der Sünde als eine Umwandlung seines Lebens in allen seinen Regungen dar. Da geht der Mensch zurück in sich auf die ersten und tiefsten Gründe seines Daseins, auf den ursprünglichen Trieb zum Guten, welchen Gott in ihn gelegt und welchen er auch erhalten hat bis auf diesen Tag, weil alles, was er schafft, von ewiger Natur ist, welchen er erhalten hat trotz allen Anfechtungen der Sünde, trotz aller der Verwirrung eines schuldvollen Lebens, und indem der Mensch in den Regungen dieses seines Triebes die Kraft Gottes erblickt, ungestört und gesund, wie sie aus der Hand seines Schöpfers kam, da erfreut er sich ihrer als einer neuen Gabe, welche nun auch zur Wirksamkeit in ihm gekommen ist. Dieser Kraft darf er vertrauen, daß sie ihn zu seinem Ziele führen werde; sie ist mit dem Willen in ihm gesetzt alle Hemmungen des Lebens, alles Übel und alle Schuld zu überwinden und das Gute zu vollbringen, daß er seinen Gott schaue und vollkommen sei, wie sein Vater im Himmel vollkommen ist. Diese Umwandlung des Menschen enthält daher in sich die Verheißung des ewigen Lebens und des Reiches Gottes in der Gemeinschaft der vollendeten Menschheit. Ja diese Verheißung drückt recht eigentlich das Wesen derselben aus, indem das Bewußtsein der Regungen unseres ursprünglichen Triebes oder der ewigen schöpferischen Thätigkeit in uns, welche uns erneut und gegen unser früheres Leben gehalten als Gnade und Vergebung erscheint, doch nur daran anknüpfen kann, daß wir das Gute wollen, das wahrhaft Gute oder das höchste Gut, und indem wir das höchste Gut doch auch nur wollen können in der Hoffnung des ewigen Lebens für uns Einzelne sowohl, als für unsere ganze Genossenschaft.

Indem wir nun vom Standpunkte der Menschengeschichte die Erlösung zu betrachten haben nicht allein als eine Thatsache, welche im Leben einzelner Menschen eingetreten ist, sondern als eine Thatsache, welche die ganze Menschheit betrifft und eine neue Entwicklung ihres Lebens und ihrer Geschichte eingeleitet hat, können wir natürlich die Wirkungen, welche von ihr ausgehn, nur als einen Zusammenhang von Thatsachen erkennen, welche ihren gemeinschaftlichen Mittelpunkt und ihren bewegenden Grund in jener ersten Thatsache haben. Wie ein jeder Wille, so ist auch der Wille zur Erregung des Lebens, welcher von nun an thatkräftig die Menschheit umgestalten sollte, in einem Menschen zuerst gewesen; aber wie ein jeder

Wille, der geschichtliche Bedeutung hat, so hat auch dieser Wille andere Menschen ergriffen und eine Gemeinschaft der Bestrebungen unter ihnen hervorgebracht. Natürlich aber hat er nur allmälig um sich greifen können; anfangs war er nur bei wenigen, dann hat er mehrere an sich herangezogen und in diesem Geschäfte seiner Ausbreitung ist er noch jetzt begriffen. Er trägt die Kraft alle Menschen zu ergreifen in sich; denn er geht auf einen allgemeinen Zweck, welchen alle Menschen sich aneignen sollen und welcher nur durch ihr gemeinsames Leben verwirklicht werden kann. Aber diese Kraft hat weder in dem ganzen Umfange, welchen sie in ihrer Wirksamkeit gewinnen soll, noch in ihrem ganzen Inhalte — denn sie soll alle Thätigkeiten des Menschen umgestalten — sich bis jetzt enfalten können. Daher hat sie auch anfangs entzweiend unter den Menschen gewirkt, indem sie nun die, welche dem neuen Antriebe folgten, von denen absonderte, welche dem alten Leben anhingen; ja ihre Wirksamkeit zeigte sich anfangs in mancher Rücksicht zerstörend, weil in dem Kampfe der christlichen Gesinnung mit den entgegenstehenden Richtungen viele von den Gütern der alten Zeit in ihrer frühern Gestalt untergehen mußten, um erst in einer viel spätern Zeit in einer neuen Gestalt sich wieder zu erzeugen. Hierzu werden wir in unserer Geschichte vielfältige Belege finden.

Auch die Philosophie sollte von der christlichen Gesinnung ergriffen und umgestaltet werden. Sie bedurfte dessen, denn sie war fern geblieben von den Hoffnungen, in welchen allein wir streben können unserm Leben einen würdigen Inhalt zu gewinnen. Der Beweis für diese

Behauptung liegt in ihrer Geschichte, auf deren Endergebnisse wir uns hier berufen müssen *). In der alten Philosophie, das können wir hier nur voraussetzen, herscht die Meinung, daß diesem Leben, in welches wir uns verwickelt finden, wesentlich die Unvollkommenheit anklebt und daß es daher, wie weit es auch führen möge, doch außer Stande sei als ein unvollkommenes Mittel das Vollkommene zu vermitteln. Mochte man sich nun in einer gänzlichen Verzweiflung am Leben von ihm abwenden und nur in Ertödtung aller Triebe, in Entsagung aller seiner Güter als eitler Dinge die Ruhe seiner Seele suchen, oder mochte man die Wahrheit des Lebens und seiner Güter anerkennend in ihm ohne die Aussicht auf ein endliches Ziel fortstreben, der Befriedigung selbst entsagend, — wohin man sich auch wenden mochte, es war dabei keine richtige Erkenntniß des Lebens und seiner Bedeutung möglich und es mußte daher auch die alte Philosophie immer nur mit einem ungenügenden Ergebnisse schließen. Erst dadurch, daß die christliche Religion den Gedanken an eine Vollendung aller Entwicklung brachte oder in der Seele der Menschen befestigte, ist auch eine wissenschaftliche Lehre möglich geworden, welche in ihren allgemeinen Zügen befriedigen kann, wenn auch die Ausführung derselben im Besondern als eine Aufgabe von unübersehlicher Weite sich uns darstellen sollte.

Aber das Christenthum ist keine Philosophie. Es ist eine Erneuung des Lebens, welche nicht von einem Ge-

---

*) Vergl. Ritter's Gesch. der Phil. alter Zeit. Bd. 4. 2. Aufl. S. 703 ff.

danken ausgeht, sondern von einer Regung des Triebes zum Guten und von einer daran sich anschließenden Hoffnung und Zuversicht des Zukünftigen, so die Kraft in sich tragend das Zukünftige zum Guten zu gestalten. Dieser Überzeugung vom Christenthum werden freilich Viele nicht beistimmen wollen oder können; denn auch zu unserer Zeit, wie sonst, findet sich die Meinung verbreitet, daß der Gedanke das Erste sei, aus welchem alles Gute hervorgehe in unserm Leben, welches alle Entwicklung der Vernunft einleite, und die, welche sie hegen, werden nicht zögern unsere entgegengesetzte Überzeugung, daß vielmehr der Wille das Erste sei — natürlich nicht ein bewußtloser Wille — und daß darauf erst das Wissen des Guten folge, des Hochverraths gegen die Wissenschaft um so eher zu beschuldigen, je weniger hier der Ort ist ihre Wahrheit zu beweisen. Nur auf Thatsachen des Lebens können wir uns berufen. Man möge bedenken, daß die Wissenschaft, der ausgebildete Gedanke, immer nur als ein späteres Erzeugniß des Lebens auftritt, so wie beim einzelnen Menschen, so bei ganzen Völkern, daß sie eher das ausgearbeitete Leben abschließt, als einleitet; der aufwachsenden, sich übenden Jugend ist sie fremd; es gehört ein Entschluß dazu sie zu ergreifen, ein Entschluß sich wenigstens einen Augenblick zurückzuziehen vom praktischen Leben und von den allgemein verbreiteten Meinungen, welche es begleiten; erst muß man etwas gewonnen haben durch kräftigen Willen in seiner Seele, einen sichern Haltpunkt für das weitere Leben, ehe man wissen kann; mancherlei hat jeder zu versuchen in einer unbestimmten Ahndung dessen, was seiner Natur gemäß sein möchte, um durch solche schwebende, oft fehlgreifende Versuche zur Erfahrung zu kommen und dann zum Wissen. So ergiebt sich der Gedanke und im Besondern der philosophische Gedanke nur als eine Frucht eines vernünftigen Lebens, welches zwar nicht ohne alle Gedanken geführt worden, in welchem aber doch der Gedanke nur allmälig zu seiner Reife sich ausgebildet hat, während die Entschlüsse des Willens diese Reife eingeleitet haben. Man wird diese Überzeugung nicht beschuldigen dürfen, daß sie das Wissen nur wie ein todtes und unthätiges Bild ansähe, welches sich müßte herumzerren lassen von der Unvernunft; denn theils was zum Wissen führt, ist ihr keineswegs etwas Unvernünftiges, sondern der vernünftige Wille, theils wenn der wissenschaftliche Gedanke von ihr als ein Abschluß des schon ausgearbeiteten vernünftigen Lebens angesehn wird, so soll doch dadurch nicht ausgeschlossen werden, daß seine Ergebnisse in die folgenden Werke des Lebens wiederum eingreifen. So werden wir auch vorauszusetzen haben und finden, daß die alte Philosophie einen sehr bemerkbaren Einfluß auf die neuen Werke des Lebens ausgeübt hat, welche das Christenthum einleitete.

Aber obgleich keine Philosophie, hat doch das Christenthum sehr kräftig auf die Philosophie eingewirkt. Zwar anfangs zum Verfall und weiterhin zum Untergang der alten Philosophie beitragend, hat es doch auch dazu beigetragen die alte Philosophie im Gedächtniß der Menschen zu erhalten, und sie umgestaltend hat es eine neue tiefere Philosophie gegründet. Man hat daran gezweifelt, ob man dem Christenthume, wenn es keine Philosophie wäre, einen solchen Einfluß auf die Philosophie zugestehn dürfe. Dieser Zweifel ist aus der Meinung hervorgegangen, daß die Philosophie ohne aufzuhören das zu sein, was sie ihrem Begriffe nach sein soll, eine freie, von Vorurtheilen freie Lehre, sich dem Einflusse einer andern Lehre nicht unterwerfen könne. Denn für die Philosophie würde jede Lehre ein Vorurtheil sein, welche nicht von ihr untersucht werden dürfte. Man sieht, diese Zweifel beruhen theils auf einer übertriebenen Scheu vor Annahmen, welche philosophisch nicht gerechtfertigt sind, obgleich wir solche Annahmen täglich uns gestatten müssen und nicht verhindern können, daß sie gelegentlich auch einen Einfluß auf unsere Philosophie gewinnen, theils gehen sie von der Voraussetzung aus, daß nicht allein das Christenthum eine Lehre sei, sondern auch eine Lehre, welche keine philosophische Untersuchung ihrer Richtigkeit gestatte. Was den ersten Punkt betrifft, so lassen wir uns nicht weiter auf ihn ein, da unsere frühern Betrachtungen über den wechselseitigen Einfluß der Philosophie und anderer vernünftigen Entwicklungen unseres Geistes ihn schon hinlänglich gewürdigt haben; aber den zweiten Punkt haben wir genauer in das Auge zu fassen, da, wenn er richtig wäre, die Philosophie allerdings keinen heilsamen Einfluß vom Christenthum hätte erfahren können.

Offenbar jedoch ist es eine misgünstige Deutung, wenn man das Christenthum beschuldigt eine Lehre aufzustellen, welche nicht wissenschaftlich geprüft werden dürfe, wenn auch hierzu unüberlegte Äußerungen seiner Anhänger Veranlassung gegeben haben sollten. Man hat von jeher in der Christenheit den Glauben vom Aberglauben unterschieden und den wahren Glauben nur in einer solchen Überzeugung gefunden, welche aus Prüfung hervorgegangen. Aber freilich konnte die Prüfung nicht für Alle eine philosophische sein, weil die Philosophie immer nur eine Sache Weniger gewesen ist, während das Christenthum eine Sache aller Menschen werden sollte. Wer jedoch zur Philosophie Kraft sich zutrauen durfte, dem war es unbenommen auch philosophisch seinen Glauben zu prüfen, d. h. zu forschen, ob er den Sätzen der Philosophie nicht widerspräche. Nur war hierbei auch die nothwendige Voraussetzung, daß er auch den wahren Glauben und den Geist des Christenthums hätte; denn wenn er nicht erfahren hatte, worin die heiligende Kraft des Christenthums bestehe, so würde er ja bei seiner Prüfung nur in Gefahr gerathen sein über ihren Gegenstand zu irren und dem Christenthum etwas zuzuschreiben, was ihm gar nicht oder wenigstens nicht wesentlich angehörte. In diesem Sinne war es unzweifelhaft richtig zu fordern, daß der Glaube das Erste sein müsse, die philosophische Untersuchung aber nur an den Glauben sich anschließen könne.

Aber diese Behauptung setzt auch voraus, daß der Glaube der Christen nur eine Thatsache aussprach, eine innerliche Erfahrung, nicht eine philosophische Lehre. Denn wenn dies der Fall gewesen wäre, so würde auch die philosophische Untersuchung allein dazu geeignet gewesen sein sie zu begründen. Ein wahrhaft philosophischer Gedanke kann nur auf philosophischem Wege entstehen und gerechtfertigt werden. Wir haben jedoch früher schon unsere Überzeugung ausgesprochen, daß im Christenthum nicht eine philosophische Lehre erblickt werden dürfe; man würde es sonst nicht eine Religion nennen. Dadurch soll jedoch nicht geleugnet werden, daß es bald auch als Lehre aufgetreten sei. Denn wenn auch die ersten Äußerungen des Christenthums vorherschend als Erzählungen, Ermahnungen und Vorschriften für das Leben sich herausstellen, so sind doch auch solche Äußerungen kaum ohne einen Inhalt der Lehre zu denken. Wir wissen überdies, daß schon sehr früh eine bestimmte Form der Lehre in der Überlieferung der christlichen Religion kanonisches Ansehn gewann und als Regel des christlichen Glaubens verpflichtete. Mußte diese Glaubensregel, mußten viele andere Meinungen, welche mit ihr und andern Dingen des Christenthums in genauer Verbindung standen, nicht als Vorurtheile der Entwicklung der Philosophie entgegenwirken? Das Urtheil hierüber wird natürlich sehr verschieden ausfallen, je nachdem man die Lehre der ersten Christen für den wahren Glauben oder für einen Aberglauben hält. Wenn man aber auch dies ganz außer Frage lassend nur davon ausgeht, daß der Geist des Christenthums eine neue Hoffnung und ein neues Leben unter den Menschen war, so darf man auch darauf vertrauen, daß selbst im schlimmsten Falle dieser Geist die Vorurtheile der Lehre zu überwinden gewußt haben werde, um der Philosophie reine Bahn zu brechen und auch sie, wie andere Zweige des geistigen Lebens, mit frischem Muthe zu erfüllen. Um so mehr darf dies erwartet werden, je gewisser es ist, daß die erste Lehrformel des Christenthums sehr einfach und in der That vieldeutig war und daß ihr eine andere Quelle der Lehre, die heilige Schrift, zur Seite stand, welche jenen Zeiten einer sehr ungeübten Auslegungskunst keine größere Sicherheit gewähren konnte. Unter solchen Umständen hatte die Philosophie Freiheit genug selbst in die verschiedensten Meinungen sich zu werfen, wie die Geschichte der ersten christlichen Jahrhunderte deutlich zeigt, und der Zweifel über die Bedeutung des Glaubens mußte selbst zur Erweckung des philosophischen Nachdenkens dienen. Daß dies dabei auf gewisse Aussprüche und Thatsachen gerichtet wurde, das ist der Natur der Menschen gemäß, welche zu allen Zeiten früher von dem Ansehn Älterer, als von der Selbständigkeit ihres Verstandes geleitet worden sind. Das Ansehn des Aristoteles und des Platon ist zu verschiedenen Zeiten den freien Forschungen der Philosophie nachtheiliger gewesen, als das Ansehn der Glaubensformel und des alten und des neuen Testaments. Wie natürlich, denn jene gaben zusammenhängende philosophische Lehren, diese nur Andeutungen und Anregungen für das philosophische Forschen.

Wenn wir nun aber mit Beseitigung aller Vorurtheile über die unbedingte Philosophie uns eine Entwicklung der Lehre denken können, welche nicht unabhängig von der christlichen Religion dennoch den Namen einer philosophischen verdiente, so würde doch durch die Voraussetzung, daß ein solcher Einfluß auf den bedeutendsten Theil der Philosophie seit Christi Geburt stattgefunden hätte, es noch nicht gerechtfertigt werden, daß wir diesen Theil die christliche Philosophie nennen. Denn unstreitig haben auch noch andere Dinge auf diese Philosophie eingewirkt; aus dem Einflusse, welchen eine Richtung des Geistes auf die andere ausgeübt hat, darf man nicht ohne Weiteres den Namen für diese entlehnen; selbst wenn dieser Einfluß sehr bedeutend gewesen sein sollte. Die Religion hat immer einen sehr bedeutenden Einfluß auf die Philosophie ausgeübt, auch in den vorchristlichen Zeiten; aber dennoch würden wir uns bedenken müssen, die alte Philosophie die heidnische zu nennen. Unsere Weise die Philosophie zu bezeichnen, welche Gegenstand dieses Werkes sein wird, setzt voraus, daß der Einfluß des Christenthums das Wesen dieser Philosophie bestimmt und den ganzen Verlauf ihrer Geschichte geregelt hat; man muß den christlichen Geist als die bewegende Kraft in ihr ansehen können. Wir werden nicht umhin können in eine weitläufigere Untersuchung über diesen Punkt einzugehen.

Freilich werden wohl nur Wenige uns darüber tadeln wollen, daß wir der Philosophie, von welcher wir in unserm Werke zu handeln haben werden, einen Beinamen gegeben haben; denn daß wir auf dem Standpunkte der philosophischen Entwicklung noch nicht sind, auf welchem von einer Philosophie ohne Beinamen gesprochen werden könnte, leuchtet jedem ein; alle Philosopheme tragen noch eine sehr entschiedene Färbung der Männer, der Völker, der Zeiten, bei welchen sie sich ausgebildet haben; von dieser Färbung erhalten sie ganz gewöhnlich ihren Namen. So könnte man auch zugeben, daß von einer christlichen Philosophie gesprochen werden dürfte, soweit nemlich in ihr die christliche Färbung vorherschte. Aber wir wollen nur von vorn herein erklären, daß diese in unserer Geschichte nicht überall nachzuweisen sein wird. Warum wählten wir nun nicht einen andern, vielleicht weniger bezeichnenden, aber auch weniger verfänglichen Beinamen? Die Griechische und Römische Philosophie fassen wir unter den Namen der alten Philosophie zusammen, weil wir einen Geist, den Geist der alten Völker, darin herschend finden; es scheint nichts näher zu liegen, als die Philosophie, welche unter den neuern Völkern sich ausgebildet hat, im Gegensatz gegen jene die neuere Philosophie zu nennen. Das würde freilich nur ein Name sein, welcher verhältnißmäßig, im Gegensatz gegen die alte Philosophie diese neuere bezeichnete; er würde nicht aus der Natur der Sache geschöpft sein. Jedoch wir könnten ihn uns gefallen lassen; wenn er nur nicht, einigermaßen folgerichtig gebraucht, uns den Zusammenhang unserer ganzen Geschichte zu zerreißen drohte. Denn auf den ersten Blick fällt es in die Augen, daß die ersten Anfänge der Philosophie bei den neuern Völkern, die sogenannte scholastische Philosophie, mit der Philosophie der Christen unter den alten Völkern auf das genaueste zusammenhängt, daß aber diese von den Ausgängen der heidnischen Philosophie weit absteht, obgleich sie zugleich mit ihnen sich entwickelt. Wollen wir daher den rechten Zusammenhang beobachten, so dürfen wir die Philosophie unter den neuern Völkern nicht für sich als ein Ganzes betrachten; wir müssen einen Theil der Philosophie unter den alten Völkern, nemlich den, welcher dem Christenthum zufiel, mit ihr verbinden und nun wird das Ganze, welches auf diese Weise sich gebildet hat, nicht mehr mit Recht neuere Philosophie genannt werden können.

Dies hat man auch nicht völlig übersehen und alsdann auch nicht unbemerkt lassen können, welchen bedeutenden Einfluß auf die Geschichte der Philosophie das Christenthum ausgeübt hat, nur daß nicht Alle diesen Einfluß weit genug durchgeführt und, so weit sie ihn durchführten, richtig bestimmt haben. Sie haben ihn nicht weit genug durchgeführt, wenn sie ihn allein auf die ersten Zeiträume der Geschichte der Philosophie nach Christi Geburt beschränkten, auf die Philosophie während der Zeiten der Kirchenväter und der Scholastiker. Zwar hierzu fand sich eine Veranlassung, indem allerdings besonders nach der kirchlichen Reformation, aber auch schon etwas früher der Gang der Philosophie eine andere Wendung nahm und theils an die alte Philosophie sich wieder anzuschließen, theils auch neue Wege zu finden versuchte, welche mit der philosophischen Ausbildung der christlichen Lehre wenig oder nichts zu thun hatten. Allein man hätte sich hierdurch doch nicht sollen verleiten lassen den innern Zusammenhang zwischen jenem ersten und dem spätern Zeitraume zu übersehn, indem doch nicht wird geleugnet werden können, daß die frühere philosophische Bildung der neuern Völker auf den Charakter der spätern nothwendig einfließen mußte. Setzen wir nun voraus, daß die erste Philosophie der neuern Völker durch das Christenthum wesentlich bestimmt worden war, so wird auch die spätere aus ihrer Beziehung zum Christenthum ihren wesentlichen Charakter empfangen haben. Etwas anderes würde es sein, wären die Einwirkungen des Christenthums auf die früheste Philosophie der neuern Völker nur äußerlicher Art gewesen und hätten sie daher nur unwesentliche Dinge in ihre Lehren gebracht. Denn von dergleichen Bestimmungen kann die Philosophie in späterer Zeit sich befreien, ohne daß eine Spur von ihnen übrig bliebe in ihrer weitern

Entwicklung. Was sie dagegen einmal mit wahrhaft innerlich bildender Gewalt ergriffen hat, das wird auch weiter in ihr fortwirken, in wie wechselnder Gestalt es auch auftreten möchte. Dies ist dann der zweite Punkt, welcher hierbei in Betracht kommt, der wahre Sitz des Irrthums, daß Viele von denen, welche den Einfluß des Christenthums auf die Philosophie nicht übersahen, doch die Natur dieses Einflusses falsch bestimmt haben, indem sie ihn nur auf Äußerlichkeiten, aber nicht auf das Wesen der philosophischen Lehren bezogen.

Es hat sich die falsche Ansicht, welche wir hier bestreiten müssen, gemeiniglich in der Weise ausgesprochen, daß bei den Kirchenvätern und Scholastikern die Philosophie im Dienste der Kirchenlehre sich ausgebildet habe [1]. Versteht man nun darunter, daß die sogenannten Philosophen dieser Zeiten nur ein einmal fest stehendes System von Lehren durch Hülfe philosophischer Sätze zu stützen gesucht hätten ohne eine wahrhaft freie Untersuchung sich zu gestatten, welcher es nur um das Finden der Wahrheit zu thun gewesen wäre, so würden darnach diese Zeiten gar keine Philosophie, sondern nur eine Sophistik gesehen haben. Wer die Schriften der Kirchenväter und Scholastiker kennt, wird so etwas nicht behaupten [2]. Aber auch in einem mildern Sinne jene Formel ausgelegt, als sollte sie nur

---

1) Tennemann Gesch. der Phil. Bd. 7 S. 87; Bd. 8 S. 28 f. Anm. Wenn Tiedemann, Geist der spec. Phil. Bd. 4 S. 335, die Autorität des Aristoteles bei den Scholastikern hinzusetzt; so herscht doch dabei dieselbe Ansicht.

2) Selbst Tennemann findet dies im Munde eines Andern zu hart. Gesch. der Phil. Bd. 8 S. 29 Anm.

sagen, die Kirchenväter und Scholastiker wären in ihrem Denken so von der Kirchenlehre befangen gewesen, daß alle Wendungen der Untersuchung sie doch nur auf den klaren Sinn derselben zurückgeführt hätten, würden wir doch behaupten müssen, daß dadurch die Philosophie dieser Zeiten gänzlich beseitigt würde. Denn das Wesen des philosophischen Denkens ist freie Untersuchung; wo nur eine Dienstbarkeit des Gedankens statt findet, sei es eine unabsichtliche oder eine freiwillige, da wird keine Philosophie gefunden. Wer philosophirt, der muß wissen, daß die Erkenntniß, welche er sucht, wenn sie auch außerdem noch einem andern Zwecke dienen mag, ihren Werth für sich hat. Daher ist die Philosophie im Dienste des Kirchenglaubens nur ein Widerspruch im Beisatze.

Aber eben deswegen können die Männer, welche der angeführten Formel sich bedienten und dennoch von einer Philosophie der Kirchenväter und Scholastiker sprachen, den Sinn derselben wohl nicht recht überlegt haben. Ihre Meinung, welche sehr weit verbreitet ist, läuft wesentlich nur darauf hinaus, daß der Einfluß der Kirchenlehre auf die Philosophie wesentlich nur beschränkend und in Dienstbarkeit erhaltend gewesen sei, aber doch nicht habe verhindern können, daß dabei noch eine gewisse Freiheit des Forschens übrig geblieben wäre. Mit einem Worte sie halten den Einfluß des Christenthums oder der Kirchenlehre auf die Philosophie nur oder doch wenigstens vorzugsweise für einen nachtheiligen.

Man kann nicht leugnen, daß diese Ansicht manches für sich hat. In den vierzehnhundert Jahren, welche die Zeiten der Kirchenväter und der Scholastiker erfüllen, sind die Fortschritte der Philosophie weder sehr schnell, noch sehr glänzend gewesen; in denselben Zeiten verfiel die alte Philosophie immer mehr und die, welche sich christliche Philosophen nannten oder dafür gehalten werden müssen, waren der Beschäftigung mit ihr gewöhnlich nicht sehr günstig, oft sogar feindlich gesinnt, was aber an die Stelle der alten Philosophie trat, hatte besonders unter den Kirchenvätern einen sehr engen Kreis der Forschung, welcher an die Kirchenlehre ängstlich sich anschloß, dagegen von den Untersuchungen weltlicher Dinge fast ganz sich zurückzog. Muß man nicht diesen Verfall der Philosophie überhaupt, diese Verengerung des Gesichtskreises, dieses ängstliche Sich-Anschließen an die Kirchenlehre, dieses Forschen wie in Fesseln dem Einflusse des Christenthums und seiner Glaubensformel Schuld geben?

Inzwischen wenn wir genauer nachforschen, so werden wir doch dem Christenthum nicht alle Schuld hieran aufbürden dürfen. Denn wir müssen bedenken, daß die christliche Philosophie nicht unter den günstigsten Bedingungen sich zu entwickeln begann, unter Bedingungen, welche keinesweges vom Christenthum ausgingen. Unter den alten Völkern war die Philosophie, welche sich früher unter ihnen entwickelt hatte, bereits in tiefem Verfall, als das Christenthum sich erhob. Wo sind die bedeutenden Philosophen des ersten und des zweiten Jahrhunderts nach Christo? Namentlich die Physik war jetzt ganz vernachlässigt, auch die Forschungen über die ersten Gründe der Erkenntniß. Der Einfluß des Römischen Geistes erhielt das Interesse für die moralischen Untersuchungen, die aber auch nur Regeln für das Privatleben suchten; sonst wendete er die Philosophie einem matten Eklekticismus zu, welcher nur einem bodenlosen Skepticismus Nahrung gab. Von der andern Seite das Eindringen der orientalischen Denkweise belebte zwar die Fragen, welche in der Richtung nach dem Überschwenglichen zu liegen, zerstörte aber auch zugleich die strenge Form wissenschaftlicher Forschung. Als im dritten Jahrhundert in derselben Richtung die neuplatonische Philosophie noch einmal eine größere Kraft des philosophischen Denkens in Anspruch nahm, war dies nicht ohne Einwirkung ähnlicher Bestrebungen, welche das Christenthum aufgeregt hatte, und die Forschungen der Kirchenväter dürfen sich wohl dieser Philosophie an die Seite setzen ohne zu befürchten dagegen zu sehr im Nachtheil zu erscheinen. Zu gleicher Zeit gingen auch durch den neuen Platonismus oder wenigstens mit ihm die philosophischen Forschungen über das sittliche Leben zu Grabe. Wir können es nicht verkennen, wir haben es in diesen Zeiten mit Völkern zu thun, deren hervorbringende Kraft schon an sich im Abnehmen begriffen ist; auch wenn das Christenthum nicht gewesen wäre, würden sie in der Philosophie nicht viel mehr zu leisten im Stande gewesen sein, als was aus einer schwachen Erinnerung an vergangene Zeiten hervorzugehn pflegt.

Alsdann aber, nachdem die Gewalt der geschichtlichen Bewegung von den alten Völkern an die neuern kam, wie hätte man da erwarten sollen, daß nun die Philosophie sogleich große Fortschritte machen würde? Wir wollen zugeben, daß diese Völker, frisch und frei wie sie waren, auch einen regen Geist für wissenschaftliches Nachdenken besaßen, aber daß dies nun alsbald in ihnen hätte lebendig werden können, dazu fehlten doch fast alle Bedingungen. Durch eine der merkwürdigsten und gewaltsamsten Bewegungen der Geschichte waren sie zur Herrschaft über die schönsten Theile Europa's gelangt, aber noch immer von Feinden umstellt, in sich uneins, noch immer nach neuen Bewegungen begierig; ihr kriegerischer Charakter hatte sich unter so vielen Gewaltthaten, welche den Kampf, die Eroberung und das Mistrauen begleiten, auf das äußerste verwildert; mit den alten Bewohnern ihrer Eroberungen hatten sie sich zum Theil vermischt; doch mußten sich diese gemischten Bevölkerungen erst allmälig unter einander einwohnen; vor allen Dingen, damit diese neuern Völkerschaften, die so eben erst zusammengeflossen waren, in den Fortgang der alten Europäischen Bildung einrücken könnten und gleichsam die Verlassenschaft der alten Völker übernehmend in den Stand gesetzt würden, die Geschichte weiter zu bringen, wurde nun verlangt, daß sie allmälig sich aneigneten, was von ihren Vorgängern geschaffen worden war. Das gelang natürlich anfangs nur kümmerlich. An eine Entwicklung der Philosophie war dabei lange nicht zu denken. Man mußte es dem Christenthum danken, daß es eine Brücke aus der alten in die neue Zeit abgebend außer der Religion, welche es brachte, auch noch einige Keime der alten wissenschaftlichen Bildung erhielt und dadurch den spätern Zeiten eine Anregung philosophischer Gedanken abgab. Freilich drang das Christenthum als etwas Fremdartiges bei den neuen Völkern ein und hatte natürlich auch eine Spaltung bei ihnen zur Folge, welche in den schroffen Gegensätzen zwischen Clerus und Laien, zwischen geistlichen und weltlichen Bestrebungen sich zu erkennen gab; aber dies war unvermeidlich, wenn die neuern Völker die Früchte der alten Bildung überkommen sollten. Dabei war auch nur eine einseitige Philosophie möglich, welche sich vorherschend den nächsten Interessen der christlichen Kirche zuwendete und nur einen Theil des vernünftigen Lebens beleuchtete, das religiöse Leben, von hier aus nur ein spärliches Licht über die übrigen Dinge ausgießend. Aber war eine andere Philosophie möglich in einer Zeit, welcher in den entgegengesetztesten Bewegungen herumgeworfen die Ruhe für wissenschaftliche Forschungen fehlte, wenn man sie nicht im abgeschiedenen Leben eines Klosters finden konnte? Gewiß auch diese einseitige Philosophie der Scholastiker ist unter diesen Umständen des Dankes werth, wenn sie auch, wie allen Einseitigkeiten dies zu geschehn pflegt, später hemmend wirken mußte, als das wissenschaftliche Bewußtsein weiter sich auszubreiten und eine andere Richtung einzuschlagen begann. Die christliche Religion hat in den Stürmen des Mittelalters der Wissenschaft wenigstens ein stilles Plätzchen bereitet, wenn gleich dies nur durch Zurückgezogenheit von andern Bestrebungen, welche für die Vernunft des Menschen auch ihren Werth haben, erkauft werden konnte.

Wenn nun dies deutlich zeigt, daß im Mittelalter die Philosophie durch die Kirchenlehre nicht gehindert, sondern herbeigezogen und gefördert wurde, so liegt dies freilich nicht so offen am Tage auch von dem Verhältnisse der Philosophie zur Kirchenlehre in den Zeiten der Kirchenväter. Denn es läßt sich nicht leugnen, daß die Rücksicht auf die Kirchenlehre das philosophische Forschen zu sehr nach einer Seite zog und daß ein freierer Blick bei allen Hülfsmitteln der Philosophie, welche damals noch zu Gebote standen, nicht möglich gewesen sei, hält schwerer nachzuweisen. Doch überlegt man die Verhältnisse der damaligen Zeit genauer, so wird man nicht lange anstehen können, auch in ihr dem christlichen Glauben nicht einen nachtheiligen, sondern einen vortheilhaften Einfluß auf die Philosophie zuzuschreiben. Zuerst muß man sich daran erinnern, daß der lehrhafte Inhalt des christlichen Glaubens, wie früher bemerkt worden, anfangs gar nicht sehr festgestellt war; daher ist denn auch anfangs beim Bekenntnisse des christlichen Glaubens doch eine große Freiheit der philosophischen Meinungen und erst durch die Entwicklung dieser ist man allmälig dahin gekommen, eine bestimmte Lehre als Norm des Glaubens anzuerkennen. Nachdem dies geschehen war, konnte nun freilich die Kirchenlehre die Freiheit des philosophischen Denkens hemmen unter der Voraussetzung nemlich, daß man die Gemeinschaft der christlichen Kirche nicht aufgeben wollte. Vorher kann man nur eine gewisse Ängstlichkeit bemerken, welche dazu aufrief um das Banner einiger vieldeutigen Formeln gegen das Heidenthum sich zusammenzuscharen. Und diese Ängstlichkeit kann man unter den damaligen Umständen sich leicht erklären. Von einer Erfahrung ihres innern Lebens ausgehend hatten die ersten Christen theils vom Judenthum, theils vom Heidenthum sich losgesagt, ihrer Überzeugung wollten sie nun auch einen wissenschaftlichen Ausdruck geben; aber hierbei mußten sich ihnen große Schwierigkeiten entgegensetzen. Denn die bisherigen Formen der Wissenschaft, welche bei Juden und Heiden sich ausgebildet hatten, konnten zwar hierzu einige Hülfe bieten, die aber doch immer nur mit Mistrauen angenommen werden durfte; denn zu genau hingen diese Formen mit heidnischer und jüdischer Denkweise, mit den Überzeugungen der vorchristlichen Religionen zusammen. Man erinnere sich nur daran, daß die Philosophie — und nicht mit Unrecht — angeklagt worden ist eine Mutter der Ketzereien zu sein, zwar gewiß nicht die wahre Philosophie, aber die mit Vorurtheilen gemischte, und eine solche war gewiß damals nur zu finden, wo das Christenthum die Vorurtheile der alten Völker erst überwinden mußte. Deswegen um eine wissenschaftliche Überzeugung im Sinne des Christenthums ausbilden zu können, mußte man erst in eine Sichtung der alten Philosopheme sich einlassen, und hierzu gehörte ein wissenschaftlicher Streit, dem die jugendliche Philosophie der Christen kaum gewachsen war. Zwar die alte Philosophie war damals auch nicht mehr jugendlich stark, aber dennoch im Stande einen mächtigen Widerstand entgegenzusetzen. Sie hatte ein ausgebildetes System der Begriffe verbreitet, welches bei allen wissenschaftlichen Untersuchungen sich geltend machte und wie ein wohlzusammenhängendes Netz über alle Gegenstände der Forschung ausgespannt war. Es konnte nicht fehlen, daß die christliche Philosophie einem solchen Gegner sich stellend sich schwach fühlte. Sie, welche wissenschaftlich so wenig ausgebildet war, sollte einem Systeme entgegentreten, in welchem, so wie ein Begriff angeregt wurde, sogleich auch alle übrige sich bewegten. Es mochte ihr Glück sein, das Glück einer unbefangenen Jugend, daß sie nicht sogleich gewahr wurde, welche Arbeit sie durchzukämpfen unternahm, indem sie mit der Griechischen Philosophie sich einliess. Denn wir finden freilich, daß sie anfangs nur einiges in dieser zu verändern für nöthig fand, sonst ihre Begriffe sich gefallen liess, allmälig aber immer weiter geführt wurde und begreifen lernte, daß sie nicht allein keinem Griechischen Systeme sich zu eigen geben könne, sondern auch fast alle Begriffe der alten Philosophie zu ändern habe, damit sie in die christliche Gesinnung übertragen werden könnten. Bei dem erschlafften wissenschaftlichen Geiste dieser Zeiten konnte sie den Muth hierzu nur gewinnen, indem sie einer tiefen und festen Überzeugung in den Erfahrungen ihres innern Lebens sich bewußt war, und daß sie ihrer Aufgabe vollkommen genügt hätte, dürfen wir denn auch freilich nicht erwarten. Aber wie dem auch sei, auf ihre innern Erfahrungen, auf das Zeugniß des in der Kirche waltenden Geistes mußte sie nothwendig sich stützen, um sich, eine Anfängerin in philosophischen Untersuchungen, ihrer Erfolge noch unsicher, gegen die ausgebildeten Systeme der Griechischen Philosophie erhalten zu können. So suchte sie auch in der Glaubensformel als einem Ausflusse des christlichen Geistes einen Maßstab für ihre eigene Richtigkeit, im Bewußtsein ihrer Schwäche darum besorgt, daß sie nicht irre, ohne deswegen den Charakter der Philosophie zu verleugnen; denn wenn es dieser auch nicht erlaubt ist, ihre Ergebnisse aus irgend einer Erfahrung oder einer ihr fremden Lehre zu schöpfen, so hat es ihr doch immer frei gestanden ihre Ergebnisse mit der Erfahrung und mit andern Lehren zu vergleichen und in ihrer Übereinstimmung mit diesen eine Bestätigung ihrer noch schwachen Schritte zu erblicken.

zurück, um später desto fester zu wurzeln; nicht so leicht erholen sich die Kräfte von dem Streite der Parteiungen, welche, je größer der Gegenstand ist, um so tiefere Leidenschaften nähren und der trüben Gährung der Übergangszeiten folgen regelmäßig Ermattung und nur eine gemischte Freude des Sieges. Anders werden wir es nicht erwarten dürfen bei der größten Epoche, welche die Menschheit erlebt hat. Als nun das Christenthum gesiegt hatte erst über die alten Völker, dann über die neuen, welche auch ihrer Seits die alten besiegt hatten, wie viele Blüthen der alten Bildung waren darüber zertreten worden! Auch die Philosophie hatte die Verluste theilen müssen, welche das allgemeine menschliche Leben getroffen hatten; denn die christliche Philosophie, welche sich gegen die alte erhoben hatte, das wollen wir nicht leugnen, daß sie doch nur eine einseitige Richtung genommen hatte, und in den Kämpfen der letzten Zeit war sie zum Theil verwildert, zum Theil vergessen worden. Es geht der Menschheit in den Perioden ihrer Entwicklung, wie den einzelnen Menschen. Einen langen Proceß hat der durchzumachen, welcher in eine neue Periode seines Lebens eingeschritten alles, was er früher gewonnen hatte, nun seinen neuen Bestrebungen anpassen soll, besonders wenn er durch die neue Richtung seiner Thätigkeit eine Zeit lang sollte abgelenkt worden sein von seinen frühern Beschäftigungen. In diesem Falle hat er nicht allein die Erzeugnisse seiner alten Zeit in den Sinn der neuen umzubilden und gleichsam zu übersetzen, sondern auch die Mühe und zuweilen den Ekel zu überwinden, welche die Fortsetzung einer lange unterbrochenen Arbeit zu erregen pflegt, indem man

den fallen gelassenen Faden wieder aufnehmen soll und doch die Stimmung nicht wieder gewinnen kann, in welcher sie den Eifer beseelte, noch weniger aber die Zwecke, in welchen sie zuerst gedacht wurde. Wenn wir uns gewissenhaft prüfen, werden wir schwerlich zu behaupten wagen, daß jetzt unsere neuere Philosophie schon alle die Fäden wieder aufgefunden und weiter auszuspinnen gewußt habe, welche die alte Philosophie fallen gelassen hatte. Mit Mühe arbeiten wir uns in ihr Verständniß hinein. So wie überhaupt vieles von der alterthümlichen Bildung verloren gegangen und noch nicht wieder aufgefunden ist — man denke nur an die vollendeten Formen ihrer Kunst —, so müssen wir auch von ihrer Philosophie sagen, deren Verständniß im vollen Sinne des Wortes wir nur haben könnten, wenn wir das alterthümliche Leben völlig zu durchdringen vermöchten. Wir dürfen dies uns gestehen, wenn wir auch von der Überzeugung ausgehen, daß unsere christliche Philosophie im Ganzen einen höhern Standpunkt gewonnen hat, als der war, welchen die alte Philosophie erreichen konnte; denn wir sind auch davon überzeugt, daß die christliche Philosophie noch nicht ihr Ende erreicht hat, ja wir halten das Ziel, welches sie verfolgt, für viel zu groß, um annehmen zu dürfen, daß wir ihm schon sehr nahe gekommen sein sollten.

Bei den Gründen, welche wir für unsere Annahme einer christlichen Philosophie hier geltend gemacht haben, hat natürlich der Verlauf dieser Philosophie nur ganz im Allgemeinen und äußerlich berührt werden können; denn das Einzelne desselben werden wir erst in unserer Geschichte kennen lernen. Das Gewicht unserer Gründe be-

ruht daher auch wesentlich auf einer allgemeinen Ansicht von der neuern Geschichte, und prüfen wir diese, so können wir uns nicht verleugnen, daß sie von einem nur beschränkten Standpunkte ausgeht. Wir betrachten das Christenthum als den Mittelpunkt der Geschichte überhaupt und als den belebenden Geist, welcher seit der Erscheinung Christi die wichtigsten Begebenheiten herbeigeführt hat. Sähen wir nun hierbei auf den Umfang, in welchem es sich bisher geltend gemacht hat, so würde uns diese Ansicht als eine Thorheit erscheinen müssen; denn nur im kleinsten Theile der Menschheit hat es bleibende und sichere Wurzel gefaßt und auch in diesem Theile hat es nicht alle Seiten des menschlichen Lebens gleichmäßig ergriffen. Aber wollen wir die Bedeutung der Geschichte erkennen, so dürfen wir nicht vom äußern Umfange, von der sinnlichen Größe der Erscheinungen uns blenden lassen, sondern wir haben das Wichtigste aus dem weniger Wichtigen, das Wesentliche aus dem Zufälligen herauszuschauen. Da können wir nun nicht davon abkommen bei den Völkern, welche Europa bewohnen, die Entscheidungen der bisherigen Geschichte zu suchen. Wir gehören selbst diesen Völkern an und können uns von ihrem Standpunkte nicht lossagen; es möchte aber wohl jemand den Zweifel hegen, ob wir nicht in dieser unserer Ansicht von unserem beschränkten Sinne, von unserer Parteilichkeit für uns selbst verführt würden. Einem solchen Zweifel, weil er über den nothwendigen Standpunkt unseres Denkens hinausgeht, läßt sich wenig entgegensetzen; es ist aber auch nicht nöthig viel gegen ihn zu sagen, weil er mit einem rechten Ernst gar nicht gehegt werden kann. Am besten widerlegt man ihn aus ihm selbst. Gewiß, daß wir ihn fassen können, auch nur auf einen Augenblick, das beweist uns eine Freiheit des Geistes, welche über das Maß anderer Völker hinausgeht, wenn diese in der Beschränktheit ihres Sinnes nicht den leisesten Zweifel daran hegen, daß in ihnen das vollkommenste Leben und der Kern der Menschheit sei. Unser Zweifel rührt nur daher, daß wir einen Überblick über die Geschichte haben, welcher es uns möglich macht in die Sinnesweise anderer Völker uns zu versetzen und uns selbst wieder von dieser aus zu betrachten, daß wir einen weltgeschichtlichen Geist haben, und dieser weltgeschichtliche Geist setzt auch bei den Völkern, welche ihn ausgebildet haben, eine weltgeschichtliche Bedeutsamkeit voraus. Wem diese Betrachtungen nicht genügen sollten, der mag die Werke der Europäischen Völkerschaften mit dem, was andere Völker geleistet haben, in Vergleich stellen. Wird er dabei wohl etwas finden, was er der Macht des Willens und des Geistes gleich setzen könnte, mit welcher von Europa aus ganze Welttheile in den Verkehr gezogen, fast jeder Winkel der Erde erforscht worden, und nun alle Meere und alle Küsten bevölkert und beherscht werden? Wir wollen nicht viel Rühmens von dem machen, was jeder kennt. Genug diese Völker, welche durch ein enges Band gemeinschaftlicher Bildung sich vereinigt fühlen, haben nun seit langer Zeit die Geschichte geleitet, welche wir in einem lebendigen Fortschreiten erblicken oder von welcher wir ein lebendiges Fortschreiten kennen. Auf sie müssen wir vorherschend unser Augenmerk richten, wenn wir die Bedeutung der Geschichte begreifen wollen. Und diese Völker sind christliche Völker, ihre Staaten sind christliche Staaten. So nennen sie sich selbst. Sollten sie so wenig sich kennen, daß sie hierin sich selbst täuschen könnten? Ein Blick auf ihre Geschichte und sogar auf das, was ihr vorausgegangen ist um ihre Grundlage zu legen, kann uns vom Gegentheil überzeugen. In der That seit Christi Geburt sind die wesentlichen Abschnitte und Wendepunkte der Geschichte von der christlichen Religion ausgegangen oder haben mit ihr wenigstens in der nächsten Beziehung gestanden. Der Übergang der alten Völker zur christlichen Religion, so genau zusammenhängend mit der Auflösung ihrer Einheit, mit der Übertragung ihres Reiches von Rom nach Constantinopel, die geistige und sittliche Bildung der neuern Völker, die Verschmelzung des Germanischen mit dem Romanischen, beide durch das Christenthum vermittelt, das Steigen und der Fall der hierarchischen Macht und die Kreuzzüge im Mittelalter, das Zerfallen der Kirche in Parteiungen und die kirchliche Reformation mit den aus ihr folgenden Bewegungen, von allen diesen Dingen kann es niemanden verborgen sein, wie sie das Leben der Europäischen Völker in seinen tiefsten Gründen bewegt und mit der christlichen Religion, wie rein oder unrein sie darin sich darstellen mochte, in den nächsten Beziehungen gestanden haben. Von den neuesten Dingen wollen wir nicht sprechen; was vor funfzig Jahren geschehen ist, möchte wohl noch niemand in seinen weltgeschichtlichen Beweggründen und Folgen zu beurtheilen im Stande sein. Aber gewiß man müßte nur dem Neuesten seinen Blick und seine Hoffnungen zugewendet haben, wenn man nicht erkennen wollte, daß die Reihe von

Jahrhunderten, welche unsere Volksthümlichkeiten gegründet, diesen auch den Charakter des Christlichen eingeprägt haben.

Also, wir sagen es noch einmal, wir gestehen uns zwar ein, daß unsere Ansicht von der Philosophie seit Christi Geburt nur von einem beschränkten Standpunkte ausgeht und bewahrheitet werden kann, aber dieser beschränkte Standpunkt ist eben der unsrige, der Standpunkt der neuern Europäischen Völker, der neuern wissenschaftlichen Bildung. Wer sich über diesen Standpunkt erheben kann, der möge sich dessen erfreuen.

In der Mitte dieser Bewegungen der neuern Geschichte wie hätte nun da die Philosophie nicht auch den christlichen Charakter annehmen sollen? Freilich werden wir nicht sagen können, daß alles, was zur Bildung der neuern Völker gehört, unter dem Einflusse des Christenthums sich entwickelt habe, wenigstens nicht unter dem unmittelbaren Einflusse. Es giebt manche Dinge, selbst unter den Wissenschaften, welche mit der Religion sehr wenig oder auch gar nichts zu thun haben; es sind fast dieselben Dinge, welche auch keine volksthümliche Färbung an sich tragen. Aber die Philosophie gehört nicht zu ihnen. Denn beständig hat sie mit der Religion und der ganzen Denkweise der Völker im genauesten Zusammenhange gestanden und ist überhaupt ein Spiegel des Charakters derer gewesen, welche sie ausgebildet haben. Eben nichts weiter will sie als die Denkweise der Menschen in einen allgemein wissenschaftlichen Ausdruck fassen. Wie nun diese unter den neuern Europäischen Völkern durch das Christenthum sich gebildet hat, so wird es nicht minder der Philosophie geschehen sein. Wir wollen uns dadurch nicht irren lassen, daß in dieser Philosophie auch viel Unchristliches sich finden läßt; eben so wenig als es uns abhalten wird die neuern Völker und Staaten christliche zu nennen, daß auch in ihrer Geschichte und noch in ihren gegenwärtigen Zuständen viel Unchristliches nachgewiesen werden kann.

Zweites Kapitel.

Übersicht und Eintheilung.

Mit einer Geschichte, welche noch bis in die Gegenwart hereinreicht und über sie weit hinauszureichen verspricht, ist natürlich der Geschichtschreiber in mancher Rücksicht übeler daran, als mit einer schon irgendwie abgeschlossenen. Da der Erfolg noch nicht entschieden hat, so wird er das Urtheil, ohne welches keine Haltung in der Darstellung ist, nicht aus der Geschichte schöpfen können, sondern in sie hineinlegen müssen. Eine vollständige Übersicht, aus welcher die Verhältnisse der Theile zu einander sich abnehmen ließen, bietet alsdann die Reihe der Begebenheiten nicht dar; er wird in seinem Sinne sie zu ergänzen genöthigt sein und nicht nur den rückwärtsblickenden, sondern auch den vorwärtsschauenden Propheten spielen müssen, um das Verhältniß der Theile zu zeigen und seine Eintheilung nach der Natur der Sache zu treffen. In dieser Lage finden wir uns, wenn wir das Ganze unserer Aufgabe in das Auge fassen.

Eine Geschichte der Gegenwart zu schreiben, haben Viele für unmöglich gehalten und wenn dagegen auch Andere auf das Beispiel der Alten verwiesen haben, welche in der Lösung dieser Aufgabe die höchste Meisterschaft bewiesen, so darf man ihnen doch mit Recht entgegnen, daß bei den Alten weder die Dinge so geheim, noch die Anforderungen an die Geschichte so groß waren, als bei uns. Nur das letztere betrifft uns hier; das erstere gilt nur die politische Geschichte; in der Geschichte der Philosophie aber müssen wir noch dringender, als in jeder andern die Forderung aufstellen, daß die Bedeutung der Thatsachen enthüllt werde; denn wie soll man eine Geschichte von Thatsachen geben, welche nur dadurch Antheil erregen können, daß sie in das Verständniß der Dinge einführen, ohne selbst das Verständniß derselben zu eröffnen? Daher ist es denn auch wohl geschehen, daß die Alten in ihrer Weise die Geschichte zu schreiben, so viel wir wissen, niemals etwas Bedeutendes geleistet haben in der Geschichte der Philosophie oder auch anderer geistigen Entwicklungen, welche in einem ähnlichen Falle sind. Wenn wir nun aber jene Forderung nicht abweisen können, so müssen wir auch gestehn, daß es unmöglich ist sie für die Geschichte der Gegenwart zu befriedigen. Denn in ihre Bewegungen verflochten können wir uns kein unparteiisches Urtheil über sie zutrauen und selbst, sollten wir es uns zutrauen dürfen, so würden wir doch nicht im Stande sein es in geschichtlicher Weise zu bewahrheiten. Über die Vergangenheit giebt es eine Entscheidung der Zeit; Irthümer und einseitige Richtungen in der Wissenschaft können wohl eine Zeit lang weiter getrieben werden; aber bald schwindet das Interesse für sie oder die Verblendung läßt sich nicht mehr halten, weil die Unmöglichkeit vorliegt ihnen eine wissenschaftliche Fortbildung zu geben. Vieles in unserm Philosophiren beruht auf Versuchen diesen oder jenen Weg der Forschung zu verfolgen; über die Versuche aber entscheidet der Erfolg; er sondert Wahres vom Falschen. Dies ist die Kritik, welche die Geschichte übt. Aber für die Geschichte der Gegenwart giebt es eine solche noch nicht; da liegen die Versuche noch ungesondert neben einander, gelungene und misrathene, und eine blendende Vermuthung erscheint oft im Glanze eines augenblicklichen Erfolgs; auch was bedeutsam ist für die Zukunft und was keinen dauerhaften Einfluß gewinnen wird, alles das liegt noch ohne Unterscheidung das Eine neben dem Andern. Will man es sondern und gleichsam Licht und Schatten unter ihnen vertheilen, so bedarf es dazu einer andern Kritik als der geschichtlichen. Zwar durch die geschickte Zusammenstellung dessen, was in einzelnen Systemen in gutem Zusammenhange steht oder sich widerspricht, kann man schon eine geschichtliche Kritik über Dinge üben, welche noch der gegenwärtigen Bewegung angehören, aber daraus ergiebt sich doch nur ein Urtheil über Einzelnes, nicht über das Ganze, nicht das Urtheil, welches der Geschichtschreiber suchen muß, um das Verhältniß der Systeme zu einander, den Fortschritt und Rückschritt in ihnen beurtheilen zu können. Ein solches Urtheil zu gewinnen über die neuesten Erzeugnisse der Philosophie von dem Augenblicke an, wo die Bewegungen unserer Zeit beginnen, ist auf dem rein geschichtlichen Wege nicht möglich, und es verliert sich daher die Geschichte der Philosophie zuletzt in eine Kenntniß und Beurtheilung der gegenwärtigen philosophischen Bestrebungen, deren Durchführung nur als ein Mittleres zwischen Geschichte und philosophischer Kritik angesehen werden kann. Daher werden wir es auch nicht gerathen finden eine Geschichte der neuesten Philosophie zu schreiben, sondern da die Grenze unserer Geschichte setzen, wo die neueste Entwicklung der Philosophie beginnt, deren Parteiungen noch jetzt in ihrer Reibung und in ihrer Reinigung unter einander begriffen sind.

Dennoch kann es nicht ausbleiben, daß auch die neueste Entwicklung der Philosophie in unserer Geschichte zur Sprache kommt, nur nicht unmittelbar; die gegenwärtigen Bewegungen der Philosophie sind selbst als Erfolge der frühern Entwicklungen der Philosophie anzusehn, aus denen wir unser Urtheil in der Weise der Geschichte entnehmen wollen. Wir können natürlich keinen andern Standpunkt für die Ausführung unserer Geschichte finden, als mitten in unserer Zeit. Dabei ist es nun freilich bedenklich, daß dieser Boden selbst nicht der festeste ist, sondern, wie es in der Philosophie zu sein pflegt, sehr verschiedene Meinungen sowohl überhaupt, als auch im Besondern über die Geschichte der frühern Philosophie noch gegenwärtig ihn erschüttern. Jedoch da wir eben nicht anders können, wird unsere Sorge darauf sich beschränken müssen in unserer Gegenwart einen Standpunkt zu nehmen, welcher auf der einen Seite die Fortschritte unserer Zeit zu würdigen weiß und auf der andern Seite der Vergangenheit Gerechtigkeit widerfahren läßt. Dies ist nicht eben leicht zu erreichen. Denn wir können es uns nicht verleugnen, daß unsere Bildung in scharfen Gegensätzen sich entwickelt hat; in einem leidenschaftlichen Streite gegen das Frühere hat man dabei die Abneigung selten zu überwinden gewußt, welche nicht im Stande ist in den unverfälschten Sinn desselben einzugehn; man hat gewöhnlich vorgezogen es kurzweg zu verdammen, anstatt es sorgfältig nach seinen schwachen und starken Seiten zu prüfen, und so ist es regelmäßig erst spätern Zeiten möglich gewesen mit der Vergangenheit in einem billigen Urtheile sich wieder zu befreunden. So ist man lange Zeit — und die Nachklänge dieser Zeit hören wir noch jetzt zuweilen — geneigt gewesen alle Erzeugnisse des Mittelalters als eine tiefe Barbarei zu betrachten, in Wahrheit, weil man sie nicht kannte. Jetzt haben wir nun freilich im Allgemeinen das Mittelalter und namentlich die scholastische Philosophie in einem mildern Lichte zu betrachten angefangen, als es den Zeiten gelingen wollte, welche diese Philosophie aus unsern Schulen zu entfernen trachteten, ja es haben sich sogar Stimmen vernehmen lassen, welche dem Mittelalter eine besondere Liebe zu erkennen gaben; aber es fehlt viel, daß dies immer hervorgegangen wäre aus einer genauern Kenntniß jener Zeit, vielmehr hat es oftmals den Anschein, als wäre es nur das Ergebniß einer neuen Abneigung, einer neuen Parteisucht. Die Änderung des Urtheils hat sich zugleich mit einem neuen Umschwung unserer Philosophie ergeben, welcher besonders unter uns Deutschen nach Kant's Vorgang eingetreten ist. Daß aber dieser Umschwung nun ein leidenschaftloses Urtheil über die frühere Philosophie eingeleitet haben sollte, das müssen wir bezweifeln, wenn wir hören, mit welcher Hitze der

Dogmatismus und noch neuerdings die ganze empirische und sensualistische Richtung der Engländer und Franzosen verdammt worden ist. Wir werden nun freilich wohl unsern Standpunkt nur in diesem Umschwunge der neuern Philosophie nehmen können; aber seinen geschichtlichen Urtheilen zu trauen muß uns doch bedenklich erscheinen.

Um so willkommner muß es uns sein, daß eine Übersicht über die äußern Verhältnisse, unter welchen die christliche Philosophie sich entwickelt hat, die wichtigsten Haltpunkte für die Eintheilung unseres Stoffes ohne alle Widerrede abgiebt. Sieht man nicht auf die genauern Zeitbestimmungen, auf welche es in der Geschichte der Philosophie nur in seltenen Fällen ankommt, so ergiebt sich ohne Schwierigkeit in der Geschichte nach Christi Geburt zuerst ein Zeitraum, in welchem das Römische Reich noch die Herrschaft führt, alsdann sondern sich davon die Zeiten des Mittelalters ab, in welchen die neuern Staaten sich bilden, und zuletzt haben wir noch die neuern Zeiten übrig. Will man von diesen noch die Geschichte der neuesten Zeit unterscheiden, so geschieht dies nur deswegen, so weit wir mit Sicherheit sprechen können, weil es für die neueste Zeit überhaupt keine wahre Geschichte giebt. In derselben Weise wird man auch die Geschichte der christlichen Philosophie abzutheilen haben. Schon unter den alten Völkern fing sie an sich auszubilden und erhielt sich auch auf diesen Grundlagen noch eine Zeit lang, nachdem bereits das westliche Römische Reich gefallen war und die neuern Europäischen Völker die Hauptstelle in den Bewegungen der Geschichte einzunehmen angefangen hatten. Wir werden diesen Abschnitt unserer Geschichte die

Philosophie unter den Kirchenvätern nennen, von ihrem Hauptttheile nemlich, denn nicht alle die Philosophen, welche diesem Zeitraume angehören, können Väter der Kirche genannt werden. Es ist von besonderer Wichtigkeit für die ganze Entwicklung der neuern Philosophie, daß in diesem Zeitraume das Christenthum auch bei den Römisch Gebildeten eine selbständige Philosophie hervortrieb, was die Mittheilung der Griechischen Bildung nicht vermocht hatte, denn diese hatte jene in ihrem philosophischen Denken fast nur in einer sklavischen Abhängigkeit erhalten. Dadurch wurde die Übertragung der Philosophie aus dem ersten Zeitabschnitte unserer Geschichte in den zweiten sehr erleichtert. Denn in diesem hat die Philosophie ihren Hauptsitz bei den christlichen Völkern, welche durch die Vermischung der Römischen Bevölkerung mit den Deutschen Eroberern im Süden und Westen Europa's gebildet wurden. Hier herschte die lateinische Sprache als wissenschaftliches Bildungsmittel und alle Wissenschaft schloß sich an die kirchliche Gelehrsamkeit an; mit der Philosophie der Kirchenväter hängt daher auch diese Philosophie, welche wir mit dem Namen der scholastischen zu bezeichnen pflegen, auf das genaueste zusammen. Außer der Philosophie der Kirchenväter hat sie allerdings noch eine andere Wurzel, nemlich in der Philosophie des Aristoteles, welche sie zum Theil durch die Vermittelung der Araber kennen lernte; weswegen wir auch einiges über die Arabische Philosophie bei der Betrachtung dieses Abschnittes unserer Geschichte werden einschalten müssen; allein wenn Aristoteles mehr auf die Außenwerke des Scholasticismus einwirkte, so stehen dagegen die Scholastiker den Kirchenvätern im Innersten ihrer Denkweise bei Weitem näher. Der dritte Abschnitt der Geschichte der christlichen Philosophie beginnt nun von der Zeit an, welche man mit dem Namen der Wiederherstellung der Wissenschaften bezeichnet. Schon dieser Name beurkundet einen entschiedenen Kampf, welcher sich zu dieser Zeit gegen die scholastische Philosophie erhoben hatte; er beweist, wie man sie in dem Lichte betrachtete, als hätte sie gar keine Wissenschaft gewährt, sondern wäre nur ein leeres Spiel mit müssigen Fragen, unnützen Spitzfindigkeiten und nichts sagenden Formeln gewesen. Es läßt sich nun freilich erwarten, daß dieser Kampf nicht mit demselben parteiischen Eifer werde durchgeführt worden sein, mit welchem ihn die Männer der ersten Gegenwirkung begannen; aber der Antrieb, welchen sie gegeben hatten, erhielt sich doch lange Zeit und fand auch fortwährende Nahrung in dem zähen Widerstande der scholastischen Lehrweise, welche sich einmal in den Schulen festgesetzt hatte und mit den festen Einrichtungen derselben so innig verwachsen war, daß sie in manchen Gegenden noch bis jetzt sich zu erhalten gewußt hat. So sind wir herabgekommen bis auf die Entwicklung der neuern Deutschen Philosophie, in welcher wir den Anfang eines vierten Abschnitts unserer Geschichte ahnen können. Aber von diesem Abschnitte haben wir auch schon bevorwortet, daß wir eine rein geschichtliche Beurtheilung desselben für ein voreiliges Unternehmen ansehen müßten.

Diese Übersicht über die Geschichte giebt nun zwar die Abschnitte an, welche wir nicht vernachlässigen dürfen, das Verhältniß dieser Abschnitte zu einander, wie es in ihrem verschiedenen Charakter gegründet ist, drückt sie aber doch nicht aus. Nun werden wir es freilich wohl aufgeben müssen das Wesen der einzelnen Theile unserer Geschichte gründlich zu durchschauen, ehe wir in das Einzelne ihrer Geschichte eingegangen sind, aber schon aus den äußern Verhältnissen, unter welchen wir sie finden, wird sich doch Einiges für ihre nähere Bezeichnung gewinnen lassen und dies hier vorauszuschicken wird um so zweckmäßiger sein, je mehr wir dadurch für einen sichern Standpunkt in ihrer Beurtheilung abnehmen können.

Wenn wir die Verhältnisse betrachten, unter welchen die christliche Philosophie sich zuerst entwickelte, so werden wir nicht anstehen können ihr vorauszusagen, daß sie nur eine einseitige Richtung nehmen konnte. Auf die Entwicklung der Philosophie hat der Charakter der Völker, unter welchen sie auftrat, und die Bildungsstufe, auf welcher diese Völker standen, immer einen entschiedenen Einfluß ausgeübt. Die Völker aber, unter welchen die christliche Philosophie sich zuerst entwickelte, Griechisch und Römisch gebildete, hatten zu der Zeit, als die Kirchenväter in christlicher Gesinnung eine christliche Lehre zu gestalten anfingen, schon lange die Blüthe ihres Lebens überschritten. Wie wir schon früher bemerkt haben, eine Entwicklung der Wissenschaft, welche in die ganze Mannigfaltigkeit des Lebens einzugehen gewußt hätte, ließ sich von ihnen nicht mehr erwarten. Auf eine Erfrischung des Lebens dieser Völker durch das Christenthum war auch durchaus nicht zu rechnen, da vielmehr nicht mit Unrecht über das Christenthum geklagt werden durfte, daß es die Wurzeln der alten Volksthümlichkeit angriff und dagegen ein neues Leben in Anregung brachte, welches von Griechen und Römern und allen den in der Weise dieser Völker Gebildeten nur nach Entsagung ihrer Volksthümlichkeit, ja anfangs sogar ihres politischen Lebens ergriffen werden konnte. Das Leben der alten Völker wurzelte in der Vergangenheit, welche ihre Blüthe und ihren Ruhm gesehen hatte; das Christenthum dagegen verachtete jene Vergangenheit und wies auf die Zukunft hin. Bei diesen alten Völkern konnte es nur, nicht allein mit Demüthigung ihres Stolzes, sondern auch mit Herabsetzung ihres Ruhmes, mit Verdammung ihres frühern Lebens beginnen. Auf eine Zukunft hinweisend, welche als sehr fern erscheinen mußte, obgleich man sie anfangs sich näher zu denken geneigt sein mochte, als sie war, ja hinweisend auf das ewige Leben mußte das Christenthum anfangs den Blick von den zeitlichen Gütern um so mehr abwenden, je mehr sie von seinen Feinden verwaltet wurden, und damit war denn auch natürlich verbunden, daß die Wissenschaft des Zeitlichen und Weltlichen von den Christen gering geachtet wurde. Die nächste Aufgabe des Christenthums in wissenschaftlicher Richtung war es zugleich mit der Änderung der religiösen Gesinnung die Begriffe umzuwandeln, welche es über Gott und seine Verhältnisse zum Menschen verbreitet fand, und eine Lehre auszubilden, welche den Hoffnungen des religiösen Menschen entsprach. Diese Lehre mußte ganz in der theologischen Richtung des Geistes liegen. Hierin ist die patristische Philosophie einseitig befangen. Sie wendet sich den überschwenglichen Dingen zu, von welchen wir das anschaulich vorliegende Leben als abhängig uns denken müssen; sie wird dadurch dem

Leben zwar nicht völlig entfremdet, denn der Geist des Christenthums, auf den Willen mächtig einwirkend, verbot es der Beschauung allein sich hinzugeben; aber sie findet sich doch mehr in der Stimmung das irdische Leben zu dulden, als rüstig in dasselbe einzugreifen. Hierdurch ist nun der Charakter der patristischen Philosophie durchaus bestimmt. Sie selbst konnte eine nur einigermaßen sicher gegliederte Wissenschaft der weltlichen Dinge nicht finden; von der Philosophie der Griechen und Römer, wie sie damals war, wurde sie ihr auch nicht geboten. Wie wenig haben diese Zeiten für die Ausbildung der Erfahrungswissenschaften geleistet. Dahin war es schon früher gekommen, ehe noch das Christenthum war oder einen bemerkbaren Einfluß auf die wissenschaftliche Ausbildung ausübte. Einer richtigen Ansicht von der Natur setzte sich der Wunderglaube entgegen, der Glaube an magische Künste, welcher allgemein verbreitet war und von den Christen nur anders gedeutet wurde, als von den Heiden, welchem aber auch die patristische Philosophie sich nicht entziehen konnte, weil sie gewohnt war alle Erscheinungen, ohne sie in ihre Bestandtheile aufzulösen und in ihrem Zusammenhange mit nähern und entferntern Ursachen zu betrachten, unmittelbar auf Gott oder auf seinen Widersacher zurückzuführen. Wenn nun auf diese Weise keine gesunde Physik gedeihen konnte, so war es auch wenig besser um die Ethik bestellt, in welcher zwar die philosophirenden Christen den überschwenglichen Begriff des höchsten Gutes reiner und fester im Auge behalten und dabei auch das sittliche Verhalten der einzelnen Menschen in manchen Punkten besser und reiner bestimmen konnten, als es den alten Philosophen möglich gewesen war, in welcher aber auch fast alles zurücktrat, was auf das weltliche Leben sich bezieht. Vor allen Dingen mußte die religiöse Gesinnung den ersten Christen als das Wichtigste erscheinen, in welcher der Mensch dem Willen Gottes sich ergiebt, wie dieselbe aber zur Bildung der menschlichen Gesellschaft, zur Einrichtung der Kirche und des Staats wirksam sich erweise, das sollten erst spätere Zeiten enthüllen. Jetzt waren die Bande der sittlichen Gesellschaft zu sehr aufgelöst oder erschlafft und zu wenig in christlichem Sinn geordnet, als daß die Kirchenväter die Anschauung über solche Dinge hätten gewinnen können, ohne welche ein fruchtbares Philosophiren nicht gelingen will. So blieben ihnen denn nur die logischen Untersuchungen übrig, welche aber auch hauptsächlich nur in der Richtung auf die transcendentalen Begriffe sich bewegen konnten, weil die Untersuchungen über die weltlichen Erscheinungen durch die Schwäche der ethischen und physischen Forschungen verdunkelt werden mußten. Hiernach ist es nicht anders zu erwarten, als daß die patristische Philosophie in einer entschiedenen Einseitigkeit den theologischen Fragen zugewendet sich zeigen werde.

Etwas Ähnliches müssen wir uns von der scholastischen Philosophie voraussagen. Daß die Bewegung der Geschichte von den alten zu den neuen Völkern überging, muß uns als etwas Nothwendiges erscheinen; weil die alten Völker nur in solchen Erinnerungen ihre Einheit finden und bewahren konnten, welche der christlichen Gesinnung fern lagen, ja zuwider waren. Wenn nun das Christenthum ein neues Leben in die Menschheit bringen sollte, so mußte es auch einen neuen Boden bei andern Völkern finden, welche von alten Erinnerungen weniger abhängig in der Gründung und Ausbildung christlicher Staaten einen Spielraum ihrer Kräfte finden konnten. Indem aber diese neuen Völker ihre Religion von den alten Völkern erhielten, ging auch die Philosophie auf sie über, welche die Kirchenväter ausgebildet hatten, und es beruht daher die scholastische Philosophie durchaus auf der patristischen. Anfangs herschte in ihr fast nur das Bestreben diese sich anzueignen, nachher sie weiter auszubilden. Alle ihre Aufgaben hat sie mit dieser gemein. Zwar hat auch die Philosophie des Aristoteles und der Araber, wie früher erwähnt, wenigstens in ihren spätern Zeiten, einen nicht unbedeutenden Einfluß auf sie ausgeübt; aber dieser ist doch keinesweges so groß, daß er der Einwirkung der Kirchenväter und der von ihr ausgebildeten Kirchenlehre irgend gleichkommen oder den Charakter der scholastischen Philosophie wesentlich abändern sollte. In der ganzen Zeit des Mittelalters hängt die wissenschaftliche Überlieferung von der christlichen Kirche ab, und es muß daher auch während dieser ganzen Zeit die Philosophie einen einseitig theologischen Charakter behaupten.

In dieser Rücksicht würden wir nun die scholastische Philosophie nur als eine Fortsetzung der patristischen ansehn können und beide in einen Abschnitt unserer Geschichte zusammenfassen müssen, wenn nicht dennoch schon die äußerlichen Verhältnisse beider Perioden, überdies aber auch ihr innerlicher Charakter sie von einander absonderten. Durch einen ziemlich breiten Zeitraum sind sie von einander getrennt, in welchem für die Fortbildung der Philosophie nichts Bemerkenswerthes geschah; unter sehr verschiedenen Umgebungen, bei andern Völkern, bei einer andern Gestaltung des Staats und der Kirche, andern Sitten und Einrichtungen des Lebens gegenüber entwickelten sich beide; sie werden also auch ihrer Gleichartigkeit unbeschadet eine jede einen verschiedenen Charakter an sich tragen müssen. Dieser läßt im Allgemeinen in voraus einigermaßen sich bestimmen. Die Aufgabe der patristischen Philosophie war es unstreitig in den Lehren, welche sie aus wissenschaftlichen Grundsätzen entwickelte, die christliche Gesinnung im Gegensatz gegen heidnische Vorurtheile geltend zu machen und allmälig alle die Lehrsätze zu entfernen, welche aus diesen Vorurtheilen sich herschrieben, um an ihre Stelle die Wahrheit der christlichen Lehre zu setzen. Sie mußte sich daher im Streite gegen die alte Philosophie ausbilden und eine polemische Form annehmen. Daß dieser Streit durch mehrere Jahrhunderte sich fortsetzte, ist nicht zu verwundern, da es, wie früher bemerkt, der christlichen Lehre nicht leicht war sich zu behaupten und eine wissenschaftliche Gestalt zu gewinnen gegen die Philosophie, welche durch alle Gebiete des Denkens hindurch ihre Wurzeln getrieben hatte. Es war dabei natürlich, daß man anfangs versuchte manche Formen der alten Philosophie zur Ausbildung der christlichen Lehrweise zu benutzen, von welchen bei reiferer Einsicht sich ergab, daß sie in solcher Weise mit der christlichen Lehre nicht bestehn konnten, und die nothwendige Folge hiervon war, daß auch in der Mitte der christlichen Lehre selbst der Streit seine Stelle fand. Dagegen eine systematische Darstellung der Philosophie konnte unter diesen Umständen nicht gedeihen, um so weniger, als auch, wie früher gesagt, überhaupt zu dieser Zeit von den alten Völkern die erzeugende Kraft in den Wissenschaften gewichen war. Daher werden wir den Charakter der patristischen Philosophie überhaupt so bestimmen müssen, daß in ihr bei einem völligen Übergewichte der theologischen Richtung doch keine zusammenhängende Darstellung der Lehre gelingen wollte, sondern die Entwicklung der Gedanken vorherschend polemisch blieb. Anders mußte die christliche Philosophie bei den neuern Völkern sich gestalten. Wenn auch das Christenthum anfangs bei diesen ebenfalls im Kampf gegen das Heidenthum sich Bahn zu brechen hatte, so lagen doch die Zeiten, in welchen dies geschah, schon in einer fast vergessenen Vergangenheit, als die scholastische Philosophie sich zu bilden begann. Der Kampf war auch anderer Art, als bei den alten Völkern. Denn das Heidenthum der neuern Völker hatte keine wissenschaftliche Bildung aus sich herausgetrieben, so daß mit diesen ein Streit zu beginnen und durchzuführen gewesen wäre. Dagegen war hier die Aufgabe des Christenthums den ungezügelten Freiheitssinn und die rohen und gewaltsamen Sitten, welche unter fortwährenden innern und äußern Kriegen verwildert waren, zur Ordnung und Mäßigung zu gewöhnen oder wenigstens ihnen ein Gegengewicht zu geben durch Verweisung auf eine höhere Ordnung der Dinge. Dies konnte nun freilich nicht geschehen durch wissenschaftlichen Unterricht, dem zu horchen weder Neigung noch Bedürfniß vorhanden war, sondern nur durch Gesetz und Strafe, durch feste Einrichtungen einer Kirchengewalt und durch die daran sich anschließende Strenge der Zucht. Die

Hierarchie, welche im Mittelalter allmälig emporwuchs, hatte unstreitig dies Bedürfniß zu ihrer Grundlage. Ihr aber schloß sich natürlich eine Kirchenlehre an, welche nicht sowohl aus dem geistigen Leben der neuern Völker, als aus den nothwendigen Voraussetzungen der Hierarchie hervorging. Durch Lehre mußte sie ihr Ansehn befestigen; ihre Lehrer mußte sie sich selbst bilden. Es ist allerdings ein Zeichen der geistigen Fähigkeiten, welche bei den neuern Völkern sich vorfanden, daß man bei der alten Überlieferung der christlichen Lehre nicht stehen blieb, sondern die philosophischen Keime, welche die Kirchenväter gepflegt hatten, weiter zu entwickeln strebte; allein dies Bestreben äußerte sich doch fast allein im Clerus, der in einer scharfen Absonderung vom Laienstande dem volksthümlichen Leben weniger sich anschloß, als der allgemeinen, über alle christliche Völker verbreiteten kirchlichen Bildung. Alles in dieser Philosophie mußte sich nun um den Mittelpunkt der kirchlichen Gewalt und ihres geistlichen Ansehns versammeln, und es war daher die Hauptaufgabe dieser Zeiten in der Philosophie das in einen systematischen Zusammenhang zu bringen, was die Kirchenväter nur in polemischer Gestalt hervorgebracht hatten. Natürlich war damit auch eine weitere Ausbildung der Lehre verbunden; doch kann diese als abhängig davon betrachtet werden, daß die alte Überlieferung in ihrem Zusammenhange begriffen oder dargestellt werden sollte. Der Inhalt der Lehre ist also bei den Kirchenvätern und Scholastikern ziemlich derselbe, und wenn wir allein auf ihn zu sehen hätten, müßten wir die beiden ersten Abschnitte unserer Geschichte in einen zusammenziehn; aber die Form ist bei beiden verschieden, bei jenen überwiegend polemisch, bei diesen überwiegend systematisch; daher müssen wir beide trennen und als zwei charakteristisch verschiedene Abschnitte betrachten, welche allerdings von einem höhern Gesichtspunkte aus auch als einer größern Periode der philosophischen Entwicklung angehörig angesehn werden können.

Wie sehr wir nun aber auch davon durchdrungen sein mögen, daß durch die christliche Religion eine neue heilbringende Bewegung in der Philosophie hervorgerufen worden sei, so können wir dieselbe doch nicht als vollendet ansehn mit einer Philosophie, welche vorherschend und einseitig den theologischen Untersuchungen sich zuwendete; sondern die Philosophie, welche dem Christenthum genügen soll, muß eben so sehr das Weltliche, wie das Göttliche ergreifen und durch die Erforschung des erstern das letztere uns begreifen lehren. Die Einseitigkeit daher, in welcher die patristische und die scholastische Philosophie sich bewegt hatten, konnte nicht dauern; sie konnte vielmehr nur so lange genügen, als in der Philosophie das Bedürfniß, welches ihr beiwohnt, das ganze Leben der Völker, unter welchen sie sich entwickelt, zur Sprache zu bringen, nur in untergeordneter Weise sich geregt hatte. Denn sobald dies die Wissenschaft ergriff, war es unmöglich nur auf das sich zu beschränken, was die Theologie zunächst in Anregung brachte; man mußte vielmehr auch darauf ausgehn zu erforschen, was dem Bedürfnisse des täglichen Lebens angehört, die Gegenstände der Natur und die Formen und Gesetze des vernünftigen Lebens, welches mit weltlichen Dingen beschäftigt ist, man mußte jetzt entschiedener auf die Untersuchungen der Physik und der Ethik eingehn. In der patristischen und scholastischen Philosophie, in welcher diese Untersuchungen vernachlässigt wurden, haben wir daher bemerken müssen, daß auch die Eigenthümlichkeiten der ältern und neuern Völker nur in untergeordneter Weise sich geltend machten. Dagegen die neue Richtung, welche die Wiederherstellung der Wissenschaften brachte, hat wesentlich die Bedeutung, daß in ihr das Streben herscht die wissenschaftliche Bildung in immer weitern Kreisen vom Clerus, der sie früher allein inne gehabt hatte, über das ganze Volk zu verbreiten und deswegen sie auch in einem volksthümlichen Sinn zu entwickeln. Hierhin führte die Verehrung, das Studium und die Nachahmung der alten Literatur, welche von Anfang an in einem solchen Geiste sich ausgebildet hatte; hierhin auch die Ausbildung der neuern Sprachen zum wissenschaftlichen Gebrauche, zwei Punkte, um welche herum eine ganz neue Gestaltung der Wissenschaften im Interesse des weltlichen Lebens sich lagerte.

Aber es war nun auch zu erwarten, daß die Wissenschaft, nachdem sie diesem neuen Zuge zu folgen begonnen hatte, in ihrer weltlichen Richtung sich übernehmen würde. Dies ist ein allgemeines Gesetz der menschlichen Entwicklung, daß, wenn sie durch irgend ein mächtiges Interesse und unter den Begünstigungen desselben in eine äußerste Richtung getrieben worden ist, und nun beginnt ihre Einseitigkeit gewahr werdend nach der entgegengesetzten Seite sich zu wenden, daß sie alsdann auch nach dieser Seite auszuschweifen beginnt und erst allmälig zu einem gleichmäßigen, von beiden äußersten Enden gleich weit entfernten Streben zurückkehren kann. Sie geht nicht eine Bahn ohne Umschweife nur immer gerade fort; ihr Gang läßt sich weit richtiger mit den Schwingungen eines Pendels vergleichen, welche nur allmälig zur Ruhe kommen. Daraus haben wir die Erscheinung zu erklären, welche schon früher erwähnt wurde, daß in der Wiederherstellung der Wissenschaften eine solche Umwandlung der geistigen Bestrebungen statt fand, welche in einem völligen Gegensatze gegen die früher eingeschlagenen Richtungen des Scholasticismus diesem bald gar keine Wissenschaftlichkeit zugestehen wollte und eben hierin ihre Einseitigkeit zu erkennen gab. Die Sicherheit, mit welcher bisher die Scholastiker den theologischen Forschungen in der Philosophie sich hingegeben hatten, war jetzt verschwunden. Man sah diese Untersuchungen nur für leere Grübelei an. Wer von den wissenschaftlich Denkenden dem Christenthume noch getreu blieb, der glaubte doch entweder den Weg der Philosophie zur Erforschung der christlichen Lehre verlassen und nur den geschichtlichen Überlieferungen folgen zu müssen, oder folgte von der Kirchenlehre sich abwendend theils leeren theosophischen Träumereien, theils schwärmerischen Deutungen der heidnischen Philosophie, deren wesentlichen Unterschied von der christlichen Lehre nur Wenige zu schätzen wußten. Bei den Philosophen, wie in andern Zweigen der Literatur, wie auch in der schönen Kunst, nahm eine fast abgöttische Verehrung des vorchristlichen Alterthums Überhand, welches man doch nur einseitig verstand; in ihrem Gefolge ging Atheismus oder Verehrung der Natur; als man aber über die Nachahmung des Alterthums sich erheben lernte, da leitete die Erforschung der weltlichen

Erscheinungen den selbständigen Gang der Wissenschaften. In der Philosophie war man gegen die theologischen Forschungen theils gleichgültig, theils feindlich gesinnt. Genug es läßt sich nicht verkennen, daß die Richtung des wissenschaftlichen Geistes, welche seit der Wiederherstellung der Wissenschaften geraume Zeit herschte, vom Theologischen sich abwendete und dagegen mit allem Fleiß die Mannigfaltigkeit der Erscheinungen sei es der Natur, sei es der Vernunft zu erforschen bemüht war. Wir werden daher die Philosophie, welche in dieser Richtung sich ausbildete, als eine solche zu betrachten haben, welche in einseitig weltlicher Forschung sich bewegte. Daß sie einen solchen Charakter an sich trug, wird man nicht bezweifeln können, wenn man auf ihre Ausgangspunkte sieht, auf die Philosophie, welche gegen das Ende des vorigen Jahrhunderts vorzüglich in England und in Frankreich herschte. In dem leichtsinnigen Tone, welchen sie gegen alles Heilige erhebt, in dem Atheismus, welchen sie offen predigt, in ihren Zweifeln, ob etwas anderes, als die Erscheinung erkannt werden könne, ja in ihrer Behauptung, daß nichts anderes sei, als das Sinnliche, wird man die vollgültigsten Zeichen davon finden, welcher Natur die Entwicklung der Philosophie gewesen, deren Ausgang auf dies Äußerste geführt hatte.

Man könnte nun freilich, wenn man diese Endergebnisse betrachtet, die Frage aufwerfen, ob eine Richtung der Philosophie von der angegebenen Art noch der christlichen Philosophie zugezählt werden könnte. So hat man auch von einer andern Seite her den Zweifel geäußert, ob überhaupt die zuletzt erwähnte freigeisterische Denkweise den Namen der Philosophie, welchen sie sich selbst beilegte, zu tragen verdiente. Allein beide Fragen beantworten sich von denselben Grundsätzen aus in derselben Weise. Wer den Entwicklungsgang einer Wissenschaft untersucht, muß sich darauf gefaßt machen auch auf Irthümer zu stoßen, welche früher entstehen mußten, ehe die Wahrheit erkannt werden konnte. Dies gilt von der Philosophie noch mehr, als von andern Wissenschaften, weil sie am meisten im Kampfe der Wahrheit mit dem Irthum lebt. Wir werden den philosophischen Gang der Gedanken auch noch in seinen Ausartungen nicht verkennen dürfen. Wenigstens die Methode des Philosophirens, wie unvollkommen es auch sei, wird darin geübt; viele Versuche müssen gemacht werden, ehe einer gelingt. Solche Versuche im philosophischen Denken vermissen wir nun auch in der Denkweise nicht, welche im vorigen Jahrhundert von den Engländern und Franzosen Philosophie genannt würde. Wir sind nicht minder davon überzeugt, daß sie, wenn auch in verkehrter und unbewußter Weise, der Wahrheit dienend auch der christlichen Wahrheit haben dienen müssen, die ja keine andere ist, als die Wahrheit überhaupt. Das Christenthum hat sich aus vielen Irthümern, aus vielem Aberglauben herausarbeiten müssen; immer von Neuem haben sich Schlacken an dasselbe angesetzt. So konnte es auch nicht ausbleiben, daß gegen diese Ausartungen des reinen Christenthums ein wissenschaftliches Bestreben sich erhob, welches in Verkennung des wahren Christenthums und des mit ihm verbundenen Aberglaubens, indem es diesen bestritt, als jenem feindlich gesinnt angesehn werden, ja sich selbst ansehen konnte.

Es ist nur eine sehr gewöhnliche Steigerung der Parteisucht, wenn die wahren Freunde einer Sache für ihre Feinde gehalten werden. Aber es konnte auch bei einem solchen Streite gegen die Verunreinigung des Christenthums leicht geschehen, daß man das Wahre in ihm über die Mängel seiner Erscheinung verkannte, und alles in eins zusammenfassend seinem ganzen Wesen sich entgegensetzte. Wenn nun so etwas in der einseitig weltlichen Richtung der Philosophie geschehen sein sollte, woran wir nicht zweifeln können, so dürfen wir doch auch darin den Einfluß des Christenthums nicht vermissen. Denn die polemische Haltung einer Lehre bleibt immer abhängig von der Denkweise, gegen welche sie sich erhebt, und je gewaltsamer sie verfährt, um so weniger kann sie verleugnen, daß sie die Kraft dessen empfindet, gegen welches sie leidenschaftlich entbrannt ist. Daher mögen wir zwar bekennen, daß die zweite Periode unserer Geschichte und besonders ihr Ausgang den Einfluß der christlichen Gesinnung auf die Philosophie nicht so offenbar an sich trägt, als die erste; aber sie ist doch nur daraus zu begreifen, daß sie im Gegensatz gegen diese sich entwickelte, weswegen sie auch wenigstens anfangs viel von derselben aufnahm und nur in einzelnen Punkten ihren Streit gegen sie durchführte, erst allmälig aber ihren vollen Gegensatz gegen sie herauskehrte.

Sehen wir nun im Allgemeinen auf den Gang der Entwicklung des christlichen Geistes und besonders der christlichen Philosophie, so leben wir zu sehr der Überzeugung, daß alle Schickungen der Geschichte dem Guten dienen müssen, als daß wir daran zweifeln könnten, daß die weltliche Richtung der Philosophie und besonders der freigeisterische Leichtsinn des vorigen Jahrhunderts keine Ausnahme von der Regel machen könne. Wir können uns nicht zu der Meinung derer bekennen, welche davon überzeugt sind, daß die christliche Glaubenslehre ein für allemal festgestellt sei durch die Untersuchungen der Kirchenväter, der Scholastiker oder des Jahrhunderts, in welchem die kirchliche Reformation zu neuen Feststellungen der Glaubensartikel führte. Kaum möchte jemand unserer Meinung widersprechen, es sei denn, daß er glaubte, die christliche Lehre wäre nur eine Sache für das ungelehrte Volk, nicht aber für wissenschaftliche Männer, und man könne sich daher begnügen, in ihr eine Reihe leitender Grundsätze zusammenzustellen ohne auf deren Folgerungen einzugehn, in welchen sie nothwendig eine umfassendere Bedeutung gewinnen müssen. So gering denken wir nicht vom Christenthum und seiner Lehre, und deswegen können wir diese auch nicht als etwas für ewige Zeiten Abgemachtes ansehn. Vielmehr wenn es wirklich so war, wie es früher von uns ausgesprochen wurde, daß in der patristischen und scholastischen Philosophie nur eine einseitig theologische Richtung herschte — und schwerlich läßt sich dies bezweifeln —; so müssen wir auch die Richtung der neuern Philosophie seit Wiederherstellung der Wissenschaften, wie einseitig sie auch zuletzt gegen die christliche Theologie sich erklären mochte, als dazu bestimmt ansehn eine nothwendige Ergänzung der frühern Einseitigkeit einzuleiten. Daß diese ihre Bestimmung hinter ihrer eigenen Einseitigkeit sich verborgen hat, ist eine natürliche Folge des hartnäckigen Kampfes, welchen sie mit dem Scholasticismus zu bestehen hatte. Wir finden überhaupt, daß die neuere Philosophie bei Weitem weniger als die alte in der Weise allmälig sich entwickelnder Schulen sich fortgebildet hat; ihre Bewegung wirft sich vorherschend in entschiedene Gegensätze; fast nur der Widerspruch gegen so eben aufgekommene Lehren weckt ihr neue Gedanken. Daher ist ihr Fortgang so schwer zu verstehen. In dieser Weise gestaltet sich nun auch der größte und gewaltigste Widerspruch, den die neuere Zeit gegen den Scholasticismus erhoben hat. Dabei war es nicht möglich die ältere theologische Richtung der Philosophie billig zu beurtheilen und die weltliche Forschung nur dazu zu benutzen die Lücken der theologischen Lehre zu ergänzen; man glaubte alles neu machen zu müssen. So war es nicht minder eine Übertreibung des Widerspruchs gegen die frühere philosophische Lehrweise, als Kant den Dogmatismus der neuern Philosophie mit einem Wurfe verwarf. Mögen wir uns freuen, wenn wir jetzt zu einer billigern Schätzung der Vergangenheit zurückgekehrt und im Stande sind einzusehn, daß die theologische Richtung in der Philosophie nur in Verbindung mit der weltlichen die richtige Einsicht in das Wesen der Dinge uns gewähren kann.

Hierauf blickend können wir nun nicht anders als urtheilen, daß wir bereits in eine dritte Periode der christlichen Philosophie eingeschritten sind, obgleich wir bei unsern früher geäußerten Zweifeln beharren, ob wir in dieser schon so weit vorgerückt sein möchten um sie unparteiisch beurtheilen zu können. Über ihren Charakter, wenn er nur im Gegensatz gegen die frühern Perioden bestimmt werden soll, können wir doch nicht zweifelhaft sein. Wenn die erste Periode eine einseitig theologische, die andere eine einseitig weltliche Richtung gehabt hatte, so mußte die dritte darauf ausgehn diese entgegengesetzten Richtungen unter einander auszugleichen. Dies ist denn freilich ein so weit aussehendes Geschäft, daß sich kaum hoffen läßt, es werde sogleich mit einem Schlage gelingen. Wir sind von der Verblendung fern, in welche die einseitige Vorliebe für die Gegenwart zu stürzen pflegt; wer nur dieser leben mag, der verkümmert sich die reifliche Überlegung des Vergangenen und die sichere Hoffnung einer fernen und bessern Zukunft. Nicht leicht findet jetzt noch eine ähnliche Meinung Gehör, wie sie im vorigen Jahrhunderte selbstgefällig sich vernehmen ließ, als wäre jetzt das echt philosophische Jahrhundert angebrochen. Aber in unserer Beurtheilung der vergangenen Zeiten können wir uns auch den Standpunkt nicht rauben lassen, von welchem aus die frühere Philosophie beurtheilt werden muß, den Standpunkt unserer eigenen Philosophie, wie sie gegenwärtig ist. Soll nun dieser einigermaßen als genügend angesehn werden, so muß man annehmen, daß er von den Einseitigkeiten früherer Jahrhunderte bis auf einen gewissen Grad sich befreit habe. Doch hiervon ist schon früher gesprochen worden. Für unsern Zweck ist an dieser Stelle nur noch die Frage zu berühren, wo wir den Beginn der dritten Periode zu setzen haben. Frühere Äußerungen haben angedeutet, daß die Entwicklung der deutschen Philosophie, welche mit Kant's Kritik der reinen Vernunft begonnen hat, den Anfang der Bewegungen bezeichne, in welchen wir jetzt noch begriffen sind. Nur noch einige rechtfertigende Worte mögen darüber gesagt werden. Es sind besonders zwei Punkte, auf welche wir aufmerksam machen wollen. Der eine betrifft den Schluß der nächst vorhergehenden, der andere den Anfang der neuen Periode. Was den ersten anbelangt, so meinen wir, daß nicht leicht eine größere Steigerung des Streites gegen das Christenthum und seinen Einfluß auf die Philosophie erwartet werden kann, als die, welche im vorigen Jahrhundert von den Engländern und Franzosen über das wissenschaftliche Europa sich verbreitete, als es gewöhnlich wurde im Christenthum kaum eine merkwürdige Erscheinung von weltgeschichtlicher Bedeutung gelten zu lassen und den Atheismus und Materialismus in der Physik, den Egoismus und die Genußsucht in der Sittenlehre mit einem fast fanatischen Eifer zu predigen. Es läßt sich hoffen, daß dies die äußerste Spitze der antitheologischen Schwingung gewesen sein werde, welche eben deswegen auch einen neuen Umschwung herbeiführen mußte. War die Entwicklung der christlichen Philosophie von der positiven Religion ausgegangen, so hatte man jetzt alle Stellungen, welche die Philosophie gegen die positive Religion einnehmen kann, wissenschaftlich durchzuführen versucht, von der Gleichgültigkeit gegen die Religion an durch die Behauptung hindurch, daß sie nichts anderes als eine wahrscheinliche Meinung des gesunden Menschenverstandes sei, bis zur Bestreitung derselben in ihren nothwendigsten Voraussetzungen. Vergleichen wir uns mit jenen Zeiten der freigeisterischen Wissenschaft, so mögen wir wohl mit einiger Sicherheit sagen, daß wir jetzt eine andere und hoffentlich gründlichere wissenschaftliche Richtung gewonnen haben. Zwar das Gift, welches damals in vollen Gaben gereicht wurde, hat nicht verfehlt seine Nachwirkungen auch noch auf unsere Zeiten zu verbreiten; es wird auch jetzt noch ausgeboten, vielleicht in feinern Gaben, vor welchen man nicht so leicht zurückschreckt; aber daß es sich unmerklicher machen, daß es sich verhüllen muß, ist schon ein Zeichen der öffentlichen Scham, von der wissenschaftlichen Denkweise erregt, welche die leichtsinnigen Gefährten einer rein weltlichen Richtung zu besiegen angefangen hat. Was aber den Anfang der neuen Periode betrifft, so setzen wir ihn zwar nicht allein in der Kantischen Kritik der Vernunft, aber doch vorzugsweise in ihr; denn zu gleicher Zeit mit Kant nahmen auch noch andere Männer unter den Deutschen eine Richtung, welche der herschenden Weltlichkeit der Philosophie sich entgegensetzte; aber unter ihnen ist doch keiner, welcher so entschieden die frühere Bahn der Philosophie verlassen und so durchgreifend, wie Kant, auf die neueste Entwicklung der Philosophie eingewirkt hätte. Sein Gegensatz gegen die frühere Philosophie spricht sich hauptsächlich als Streit gegen die dogmatische Philosophie aus, welcher wesentlich darauf ausging eine gründlichere Wissenschaft an die Stelle der oberflächlichen Philosophie der nächst vorhergehenden Zeiten zu setzen, einer Philosophie, welche sich eben deswegen verflacht hatte, weil sie immer mehr nur die gewöhnliche Meinung und die Denkweise des so genannten gesunden Menschenverstandes gegen die tiefern theologischen Begriffe geltend machen wollte. Denn dies ist die Natur des Dogmatismus in der Philosophie, wie er von Kant bekämpft wird, daß er ohne Bedenken die Grundsätze, welche zur Beurtheilung der Erfahrung gebraucht zu werden pflegen, seien sie mathematischer oder metaphysischer Art, auch auf die Gegenstände der philosophischen Untersuchung, auch auf die überschwenglichen Begriffe, welche den Grund der Erfahrung darstellen, anwenden zu dürfen glaubt. Dadurch kann er wohl für die Untersuchung der Mannigfaltigkeit weltlicher Dinge etwas leisten; aber das Gebiet der theologischen Untersuchungen muß ihm in einer verschobenen Gestalt sich zeigen, und der natürliche Erfolg dieser verkehrten Denkweise ist dann zuletzt, daß man die angeblichen Verkehrtheiten der Theologie verspotten und verachten lernt. Daher ist es als ein unsterbliches Verdienst Kant's zu achten, daß er von Neuem den Blick über die Erfahrung hinaus in das Transcendentale erhob und die Grundsätze der Erfahrung von den transcendentalen Ideen unterscheiden lehrte. Hierdurch hat er der Forschung wieder eine theologische Richtung gegeben und die Deutsche Philosophie, welche ihm hierin gefolgt ist, darf deswegen angesehn werden als eine neue Umkehr von einseitig weltlicher Richtung zu einer der Theologie günstigern Denkweise wiederum einleitend.

Drittes Kapitel.

Einleitung zur Philosophie der Kirchenväter.

Es ist eine ganz eigenthümliche Lage der Dinge, unter welchen die patristische Philosophie zuerst sich ausbildete. Wenigstens in dieser Ausdehnung ist es nur einmal in der

Weltgeschichte vorgekommen, daß Völker und Reiche von Grund aus in entgegengesetzte Bestrebungen sich trennten und ein großer allmälig zur Überzahl anwachsender Theil derselben dem andern die Herrschaft des Staats freiwillig überließ, so auch fast alles aufgab, was dem politischen Leben von Künsten und Literatur anhing, sich dagegen nur ein frommes Leben, eine stille Gemeinschaft unter sich in Übung geistiger Betrachtungen und eines [illegible] tigen Lebens vorbehielt. Es ist etwas Unnatür liches in einer solchen Absonderung, wenn auch nicht not wendig aus Schuld derer, welche sich absonderten; daß es aber etwas Unnatürliches ist, das giebt sich alsbald z erken- nen, wenn wir in dem frommen Verein der Ab sonder- ten die Keime eines neuen, allmälig sich aus ldenden politischen Lebens erblicken [1]. Die ersten Christ n moch- ten dulden, so lange sie ohnmächtig, wenige und zerstreut waren; nachdem sie aber zahlreich geworden, n dem sie einen festen Zusammenhang und thatkräftige Hä pter ge- wonnen hatten, da mußten sie eine sichere Ste ung für ihr frommes Leben, da mußten sie Rechte und um sie schützen zu können, die Herrschaft zu gewinnen hen.

In der Mitte einer solchen Bewegung ha sich die Philosophie und überhaupt die Literatur der K enväter entwickelt. Sie ist von ihr natürlich nicht unab gig ge- blieben. Überblickt man aber den Gang ihre Entwick- lung und besonders ihre Ausgänge, so wird n doch überrascht werden über den Grad ihrer Ab gigkeit.

---

1) Die Kirchenväter selbst nennen den Verein der sten eine πολιτεία.

Daß eine Literatur nur in der Entwicklung eines Volkes zur kräftigen Blüthe gelangen könne, glauben wir voraussetzen zu dürfen; wo ist nun aber das Volk, welches zu den Zeiten der Kirchenväter diese Literatur entwickelte? Doch auch abgesehen hiervon, es stellt sich überdies auf unverkennbare Weise heraus, daß diese Zeiten wesentlich eine andere Aufgabe hatten, als die Frucht einer reifen Philosophie oder auch überhaupt nur einer einigermaßen befriedigenden Literatur zu bringen. Es fehlt zwar der Literatur der Kirchenväter nicht an Stärke und Erhabenheit der Gedanken, auch zum Theil nicht an einem frischen und beherzten Ausdruck; hierin möchte sie vor vielen andern Literaturen glänzen; aber es fehlt ihr an Weite des Gesichtskreises, an freiem Überblick über das Ganze, welcher allein Unbefangenheit und Sicherheit des Urtheils gewähren kann, und besonders an Schönheit des Gleichmaßes, wodurch denn im Überbieten des Erhabenen und in unzähligen Abschweifungen und Wiederholungen selbst der kräftigste Gedanke seine Stärke verliert. Die Sprachen der alten Völker waren zur Zeit der Kirchenväter schon mitten in ihrem Verfall und verriethen fast nur in ungesunden Bildungsformen ihr Leben. Die lateinische Sprache fand den Herd ihrer Fortbildung meistens in den Schulen der Rhetoren für das Gerichtswesen, und den Übertreibungen und dem Gepränge einer solchen Schule entspricht denn auch der Styl der lateinischen Kirchenväter, welcher doch an Reinheit, wenn auch gekünstelter, meistens den Styl der Griechischen Kirchenväter besonders der ersten Jahrhunderte noch um Vieles übertrifft. Diese Männer dagegen mußten natürlich vieles von der Ver-

Strenge aus, welche jede Berührung mit den Werken des Götzendienstes floh, in misverstandenem Eifer sogar an sich unschuldige Dinge, weil sie dem Misbrauche unterworfen sind, mied und verdammte und in Hoffnung auf die zukünftige Verherlichung der Heiligen die Lust dieser Welt verschmähte. So lange diese Gesellschaft klein war, konnte sie in einfachen Formen ihre Verhältnisse ordnen; sobald sie aber zu größerer Ausbreitung gelangte, mußte sie auch eine strengere Gliederung zur Aufrechthaltung ihres Zusammenhangs in sich ausbilden. So wuchs die Verfassung der Kirche heran, welche für die Reinheit der christlichen Gemeinschaft, für ihre Einigkeit unter manchen auseinanderstrebenden Bewegungen, für ihre Verbreitung und Wirksamkeit zu sorgen hatte. Mit ihrer Ausbreitung konnte es aber auch nicht fehlen, daß manches Unreine in sie kam und daß besonders ihre Absonderung von der übrigen Welt weniger streng festgehalten wurde. In der Leitung der Kirche mußten deswegen bald andere Grundsätze sich geltend machen, welche nachsichtiger gegen die Schwachen, die Rücksicht eintreten ließen, daß eine Gesellschaft, welche wesentlich für das zukünftige Leben a[illegible]eite und für dieses die vollkommene Heiligkeit suche, doc[illegible] im gegenwärtigen Leben eine solche noch nicht in Ans[illegible]uch nehmen könne, daß sie im gegenwärtigen Leben nur [illegible]en noch unsichtbaren Keim einer Herlichkeit zu pflegen [illegible], welche erst in der Zukunft an ihr sich offenbaren [illegible]e. Diese Grundsätze gewannen allmälig eine weitere [illegible]r-breitung schon im zweiten Jahrhundert und noch me[illegible]n dritten und vierten, natürlich nicht ohne harte K[illegible]e entgegenstehender Parteien, welche, wie die Montan[illegible],

Novatianer, Meletianer, Donatisten, die strengere Übung der frühern Kirche festhalten oder auch wohl im Kampfe gegen einreißende Lockerheit noch schärfen wollten. Die Verhältnisse der Zeit oder der in jeder religiösen Gesellschaft und besonders in der christlichen thätige Trieb nach Ausbreitung siegten über alle diese entgegenstehenden Parteien, und daß diese sich nicht zu erhalten im Stande sein würden, das war entschieden, als im vierten Jahrhundert das Christenthum zur herschenden Religion ward und damit auch die Absonderung des christlichen Lebens von der weltlichen Ordnung der Dinge aufhörte. Zwar blieb auch jetzt noch jene alte Scheu der Christen mit dem weltlichen Streben sich zu beflecken; aber sie äußerte sich jetzt anders; in der großen Menge der Christen war sie kaum noch zu spüren, auch die streng ascetischen Parteien verschwanden allmälig, nur noch im mönchischen Leben, welches zu gleicher Zeit mit der größern Ausbreitung des Christenthums sich erhob, erzeugte sich eine neue Absonderung, so wie früher der Reinen von den Unreinen, so jetzt der Reinern von den weniger Reinen. Eine solche mußte wohl um so stärker gesucht werden, je mehr die Formen der christlichen Gemeinschaft sich verweltlichten, sobald das Christenthum Glaube der weltlichen Herrscher geworden war. Sogleich die Arianischen Streitigkeiten in den Zeiten Constantins des Großen, seiner Söhne und Nachfolger zeigen, wie verwirrend durch Herschsucht und die wildesten Leidenschaften die Berührung mit der Staatsgewalt in die Kirche hereinbrach, und so ist es später durchweg in diesem Zeitraume geblieben.

Wenn man diesen Ausgang betrachtet, so könnte man

wohl glauben, daß, sollte auch dieser Zeitraum die Aufgabe gehabt haben eine Kirche im christlichen Sinn auszubilden, er doch nicht damit zu Stande gekommen sei. Denn das Verhältniß, in welchem zuletzt die Kirche zum Römischen Kaiserthum sich findet, dürfte schwerlich der Idee genügen, welche man von einer richtigen Verfassung der Kirche sich bilden möchte. Was nach Untergang der Römischen Herrschaft im Westen Europa's sich ergab, das kann noch weniger befriedigen. Alle diese Verhältnisse haben auch nicht bestehen können. Aber wenn auch eine richtige Verfassung der Kirche zu gestalten dieser Zeit nicht gegeben war, so hat sie den Bestand der Kirche doch gegründet, den Unterschied zwischen Kirche und Staat als ihre Fahne erhoben und ihn so fest gestellt, daß er bei allen künftigen Schwankungen über die Grenzen der geistlichen und der weltlichen Macht doch niemals hat erschüttert werden können. Gewiß werden wir nicht in den Verdacht kommen können, als gingen wir darauf aus die Bedeutung dieses Zeitraums gering anzuschlagen, wenn wir ihm das Geschäft anweisen diesen Bau der Kirche zu gründen, welcher einen so großen Einfluß geübt hat auf alle Zeiten bisher, welcher zum Theil jetzt noch in seinen Trümmern besteht und zu Zwecken aufbewahrt zu sein scheint, welche man kaum ahnen möchte. Der Gedanke der einen katholischen Kirche, welche dazu bestimmt sein soll über die ganze Menschheit sich zu verbreiten und alle Gläubige zu sammeln, dieser große Gedanke hat sich in dieser Zeit praktisch geltend gemacht und ist von damals her ein wesentliches Bestandtheil der Denkweise unter allen christlichen Völkern geworden. So fest ist er gegründet, daß er selbst unter den Parteiungen sich erhalten hat, in welchen man unter den Schmerzen der wahrhaft religiös Gesinnten eine Trennung der Kirche für nothwendig erachten mußte.

Von diesem Streben auf kirchliche Einheit ausgehend hat nun die Denkweise und mithin auch die Philosophie dieser Zeiten natürlich in ihrem Innersten bewegt werden müssen. Im Allgemeinen ist daraus die Ängstlichkeit zu erklären, in welcher man an einen bestimmten Kanon der Lehre sich zu halten sehr früh begann, um nicht durch Verschiedenheit der Überlieferung zu Spaltungen Veranlassung zu geben. Zwar ist schon früher gesagt worden, daß dieser Kanon keinesweges die Freiheit des philosophischen Forschens abschnitt, denn er war verschiedener Deutungen fähig, wurde auch noch allmälig durch Philosophie erweitert und ließ in sehr vielen Punkten der Philosophie zu allen Zeiten Freiheit der Meinungen [1]; allein nachdem er einmal der kirchlichen Lehrweise sich bemächtigt hatte, konnte es doch nicht wohl ausbleiben, daß er einen beschränkenden Einfluß auf die philosophischen Untersuchungen gewann. So wie es die Weise aller gesellschaftlichen Formen ist die Überlieferungen früherer Zeiten mit gewissenhafter Sorgfalt zu bewahren, so mußte auch von der Kirche die einmal festgestellte Lehrweise so viel als möglich unverändert festgehalten werden und denen, welche vor allen Dingen die Einheit der Kirche wollten, hätte es ein geringerer Verlust dünken müssen

---

1) Vergl. Iren. adv. haer. I, 10, 3; Orig. de princ. praef. 3 sqq.; Greg. Nazianz. orat. XXVII fin. p. 495 ed. Par. 1778.

die Gedanken, welche sie wissenschaftlich in sich entwickelt hatten, in einer weniger passenden Form darzustellen, als durch eine freiere Darstellung Anstoß zu erregen, wenn sie bei der Heiligkeit des Gegenstandes einer solchen Überlegung fähig gewesen wären. Hieraus floß aber auch bei Vielen die Scheu ihre Forschungen weiter und über das Gebiet dessen auszudehnen, was durch die Bedürfnisse der kirchlichen Gesellschaft verlangt wurde, weil das freie Denken über dies Gebiet hinaus bei wissenschaftlicher Folgerichtigkeit leicht erschütternd auf die Kirchenlehre zurückwirken konnte. Daher in solchen Fällen, die doch über die Grenzen hinauszugehen aufforderten, verwahrte man sich vorsichtig dagegen, als wollte man die Ergebnisse seines Nachdenkens Andern aufdrängen; nur als Überzeugungen des Einzelnen, welche der allgemeinen Lehre nicht entgegenwären, sollten sie geduldet werden. Dagegen galt es als das Wichtigste, den allgemeinen Glauben gegen jeden Zweifel des wissenschaftlichen Denkens festzustellen, ja für verdienstlich im Fortschreiten der Untersuchung, wo sie die gemeine Fassungskraft der Gläubigen zu übersteigen schien, nur mit allgemeinen Formeln sich abzufinden, selbst bei der Gefahr, daß sie entgegengesetzte Richtungen des Glaubens nur äußerlich vereinigten und den scheinbaren Widerspruch mehr versteckten, als zu gründlicher Lösung führten.

Bei dieser kirchlichen Richtung der Lehre trat nun auch das Menschliche in seinem Verhältnisse zum Göttlichen durchaus in den Vordergrund aller Untersuchungen, weil ja die Kirche doch nur Menschen zu vereinigen bestimmt ist, und kaum gestattete man sich dem Geda[illegible]

Raum zu geben, als könnte die Schöpfung noch einen andern Zweck haben als das menschliche Leben und in diesem wieder das kirchliche. Wer es nicht wagte den Menschen oder gar nur die kleinere Zahl der frommen Menschen als den alleinigen Zweck Gottes bei der Schöpfung zu bezeichnen, der zog doch nur etwa noch die Engel in diesen Zweck, als welche in einer ähnlichen frommen Gemeinschaft unter einander und auch mit den Menschen gedacht werden konnten, wie eine solche die Kirche gründen sollte. Was am meisten unter dieser Beschränkung des Gesichtskreises leiden mußte, das war die Forschung über die Natur; denn die Bildung einer frommen Gemeinschaft hat einen ethischen Charakter, mit dem Physischen dagegen, auch sofern es als Grundlage des sittlichen Lebens gedacht wird, nur sehr wenig zu thun, da gerade diese Form der Geselligkeit an die innersten Regungen unseres Gemüths vorherschend sich anschließt, mit unserm äußern Handeln aber und unserer Macht über die Natur nur in entfernter Beziehung steht. Aber eben deswegen konnten unter diesen Umständen auch die ethischen Untersuchungen nur in einem sehr beschränkten Sinne betrieben werden. Sie wurden auf das kirchliche Leben vorherschend hingewiesen und dieses in einem ausschließenden Gegensatz gegen das Staatsleben gedacht. Die weltlichen Tugenden war man dabei außer Stande richtig zu würdigen, ihren Gehalt liebte man herabzusetzen, ja man war geneigt sie nur als glänzende Laster zu betrachten. Man mochte Recht haben zu behaupten, daß die weltlichen Tugenden ohne die religiösen keinen Werth haben, aber daß man [illegible]n religiösen Gehalt nur in der höhern Form des Chri-

bald die Zeiten, welche hierüber die Christen auf eine empfindliche Weise belehren mußten. Als der Kaiser Julianus ihnen verbot die Schriften der heidnischen Dichter und Weisen auszulegen und die heidnischen Wissenschaften zu lehren, da fühlten sie den Zwang, welcher hierin lag, da sahen sie ein, wie ihnen hierdurch ein unentbehrliches Mittel der Bildung abgeschnitten werde; was sie früher sich selbst verboten hatten, das konnten sie jetzt nicht mehr entbehren; selbst christliche Bischöfe unternahmen es damals durch Nachbildungen der alten Literatur einen spärlichen Ersatz für die gewaltsame Beschränkung ihrer Schulen zu geben. Aber wenn auch hierin ein Bekenntniß lag, daß der Unterricht in der alten Literatur den Christen der damaligen Zeit unentbehrlich war, so wurde doch das Bedürfniß desselben keinesweges so stark gefühlt, als es für eine fruchtbare Betreibung der Wissenschaften wirklich vorhanden war. Zwar sank überhaupt schon im dritten und mehr noch im vierten Jahrhundert auch unter den Heiden das Studium des Alterthums in einem schnell fortschreitenden Grade, aber doch am meisten unter den Christen, und das Umsichgreifen des Christenthums wird nicht mit Unrecht beschuldigt, daß es hierzu viel beigetragen habe. Eine Scheu vor der heidnischen Literatur blieb selbst unter den feiner gebildeten Kirchenlehrern herschend, selbst in den Zeiten, in welchen zierlich nach rhetorischer Art ausgearbeitete Predigten dem Geschmacke des kaiserlichen Hofes schmeicheln sollten und auch beim Volke den höchsten Ruhm erwarben. In vielen Warnungen vor dem Verführerischen der heidnischen Bildung läßt sie sich vernehmen, und wenn auch die Ausbreitung des Christenthums über den kaiserlichen Hof und über die feinere Gesellschaft das religiöse Leben mit den Künsten der Welt versöhnt zu haben schien, so erhoben sich doch auch um dieselben Zeiten die morgenländischen Mönche mit um so größerer Macht, welche nach dem Beispiele des heiligen Antonius wenig geneigt waren mit weltlichen Wissenschaften sich einzulassen. Das waren nun die christlichen Philosophen, wie sie genannt wurden und sich selbst nannten, Männer, welche die Philosophie nur in einer harten, enthaltsamen Lebensweise, in Übungen der Frömmigkeit, in Verachtung des weltlichen Lebens, wie des weltlichen Wissens suchten. Unter den Alten finden wir nichts, was wir ihnen vergleichen könnten, als nur die Kyniker, sowohl in ihren Tugenden, wie in ihren Lastern, auch im Besten ohne Maß. Der Kirchenverfassung gehörten nun wohl diese Mönche nicht an, erst in spätern Zeiten, mit Umbildung ihrer Lebensweise, sollten sie ihr einverleibt werden; aber sie griffen doch oft in die Kirchenangelegenheiten gewaltsam ein und man sieht hieran, wie sie aus demselben Principe hervorgegangen waren, in welchem die Kirche sich gebildet hatte, aus dem Streite des religiösen gegen das weltliche Leben; ja daß sie in demselben Geiste wirkten, in welchem die Kirche gegen den Staat sich erhoben hatte, das bemerkt man deutlich, wenn man beachtet, wie sie noch oftmals der ausgearteten, von weltlichen Interessen beherschten Kirche hülfreich zur Seite standen und ihre Freiheit zu vertheidigen suchten.

Wenden wir uns zu den Einzelheiten, welche uns in dieser Periode beschäftigen werden, so tritt uns besonders, wie schon früher angedeutet wurde, an den Ausgängen der patristischen Philosophie auf das Unzweideutigste heraus, wie dieselbe nur eine untergeordnete Aufgabe der Zeit war. Zwei Männer ziehen beim allgemeinsten Überblick vor allen übrigen unsere Aufmerksamkeit auf sich, Origenes und Augustinus, jener der Lehrer der morgenländischen, dieser der abendländischen Kirche. Aber in welchem seltsamen Verhältnisse stellen sie sich doch zu ihrer Zeit und Folgezeit dar. Sie bringen beide nicht eine lebhafte Entwicklung der Wissenschaft hervor, etwa wie ein Sokrates oder ein Kant, sondern geradezu umgekehrt schließt sich unmittelbar an sie der Verfall des allgemeinern wissenschaftlichen Lebens an. Origenes hatte es gewagt seinen Blick, wenn auch nicht über das Ganze der Wissenschaft auszubreiten, so doch in seinen Untersuchungen über die christliche Glaubenslehre sehr allgemeine Grundsätze über die Natur alles Weltlichen in Anregung zu bringen. Was er darüber aufgestellt hatte, war auch keinesweges als etwas völlig Abgeschlossenes aufgetreten, noch weniger hatte es sich als etwas der christlichen Lehre vollkommen Entsprechendes bewährt; in allen diesen Rücksichten war es geeignet zu weitern Untersuchungen kräftigst anzuregen. Daß es dies aber gethan hätte, davon finden wir nur sehr geringe Spuren; fast nur die Endergebnisse, auf welche Origenes gekommen war, oder auch nur misverstandene Aussagen desselben wurden verworfen oder verdammt, fast ohne Untersuchung, fast ohne Versuch der Anhänger die wahre Lehre des Origenes zu vertheidigen; nur in einem mildern, der Kirchenlehre weniger widerstrebenden Sinne suchte man sie zu deuten. Alles dies war ohne wesentlichen Einfluß auf die wissenschaftliche

Entwicklung. Dagegen traten nun sogleich nach dem Origenes Streitigkeiten über einzelne Lehrpunkte ein, welche, wie wichtig sie auch sein mochten, doch die Aufmerksamkeit von dem Ganzen der Wissenschaft abzogen und die wissenschaftliche Übersicht zersplitterten. So kann das Bemühn des Origenes die Lehre der morgenländischen Kirche auf einen allgemeinern Standpunkt zu erheben fast nur für einen misglückten Versuch gelten. Etwas Ähnliches begegnet uns in der abendländischen Kirche, in welcher Augustinus einen ähnlichen Anlauf nahm, wie Origenes in der morgenländischen, mit demselben Erfolg. Denn nach ihm bricht auch diese Erhebung zu einem allgemeinern wissenschaftlichen Standpunkte sogleich wieder ab. Zwar möchte es scheinen, als lägen die Gründe hiervon in den äußern ungünstigen Verhältnissen; denn schon in den letzten Lebensjahren des Augustinus erhielten die wissenschaftlichen Beschäftigungen im Abendlande durch das Hereinbrechen der Völkerwanderung einen tödtlichen Stoß. Allein wenn wir in das Leben des Augustinus selbst hineinsehen, so werden wir kaum daran zweifeln können, daß die Gründe tiefer lagen. Bei ihm selbst war anfangs ein viel allgemeineres wissenschaftliches Streben, als zuletzt, wo er in einen Streit über einen einzelnen Lehrpunkt sich verwickelt sah, den er zwar anscheinend siegreich durchführte, der aber dennoch nur zu einem einstweiligen Abschluß kam und den Keim vieler Streitigkeiten in den nächsten, wie in den fernsten Zeiten zurückließ. So löste sich auch hier wieder der allgemeine wissenschaftliche Überblick in einem besondern Punkte des Streites auf. Überhaupt aber, wenn von der Bestimmung dieses Zeitraumes die Rede ist, können wir auch in den äußern Verhältnissen, unter welchen er sich entwickelte, nicht etwas Zufälliges sehen, sondern müssen vielmehr aus den Störungen, welche jetzt für den Fortgang einer schon eingeleiteten wissenschaftlichen Bildung eintraten, darauf schließen, daß diese Zeit nicht dazu bestimmt war ihre wissenschaftlichen Bestrebungen rein und ohne Durchkreuzung von der Seite anderer Interessen zur Entwicklung zu bringen.

Dasselbe Ergebniß stellt sich noch entschiedener heraus, wenn wir den ganzen Verlauf der Philosophie in diesem Zeitraume übersehen. Die erste Regung der christlichen Philosophie finden wir bei den Gnostikern, von welchen man sagen möchte, daß sie noch auf der Grenzscheide zwischen der alten und der christlichen Denkweise stehen, indem sie zwar die Bedeutung der christlichen Offenbarung anerkennen und in ihr, wenigstens die meisten, den Wendepunkt der Geschichte erblicken, aber dadurch sich nicht abhalten lassen in ihrer philosophischen Denkweise den wesentlichsten Punkten nach der Richtung sich anzuschließen, welche durch Verschmelzung der Orientalischen und Griechischen Philosopheme schon im ersten Jahrhundert nach Christo sich ausgebildet hatte. Wie wenig nun auch diese Art der Philosophie der christlichen Denkweise genügen konnte, wie wenig sie auch in ihrer Vorliebe für die bildliche Darstellung nach Weise morgenländischer Veranschaulichung eine lehrhafte Haltung zu gewinnen wußte, so möchte man doch behaupten, daß die ausgebildetsten unter den gnostischen Secten mehr als alle die spätern Kirchenlehrer den Zusammenhang eines philosophischen Systems erstrebten. Im Streit gegen die Gnostiker und gegen die

Heiden und Juden bildete sich alsdann allmälig das System der Kirchenlehre bis zu der Stufe der Entwicklung, auf welcher wir es bei den Apologeten, beim Irenäus und Tertullianus finden. Da entwickelten sich die ersten Züge der Lehren, welche das Christliche vom Jüdischen und Heidnischen unterscheiden, aber noch keinesweges in einer völlig abgeschlossenen Form. Dies erkennt man, wenn man vom Irenäus oder Tertullianus zu den Alexandrinischen Kirchenvätern, dem Clemens und Origenes, übergeht und findet, daß bei ihnen der Streit gegen die Gnostiker einen mildern Charakter angenommen hat, indem sie in ihrem Bestreben nach einer zusammenhängenden Lehre, welche das Ganze der Welt umfassen soll, auch in manchen einzelnen Lehrpunkten sogar als Fortsetzer der gnostischen Denkweise erscheinen können; denn hier entwickeln sich die Keime zu einem neuen Streit, welcher erst die entscheidendsten Eigenthümlichkeiten des Christenthums zur Sprache bringen sollte. Von den Alexandrinern werden diese noch nicht mit voller Sicherheit vertreten; wir finden diese Männer in einem gewissen Schwanken, welches durch ihr systematisches Bestreben nur schlecht versteckt wird; in diesem stehen sie hinter den Gnostikern, in der Erkenntniß des Wesentlichen in der christlichen Offenbarungslehre hinter ihren Nachfolgern zurück. Es zeigt sich nun auffallend genug, daß diese Zeit nur in polemischer Aufregung die einzelnen Lehrpunkte sich entwickeln sollte; denn erst in den Arianischen Streitigkeiten sollte man zu sichern Bestimmungen über die Trinität kommen, welche den Mittelpunkt der christlichen Theologie bildete. Mit dieser Entwicklung der Lehre löste sich aber auch zugleich das philosophische Streben nach systematischem Zusammenhange immer mehr auf, besonders in der morgenländischen Kirche, welche bis dahin die Hauptrolle in der philosophischen Untersuchung gespielt hatte. Mit der Beendigung der Arianischen Streitigkeiten verfiel man im Orient zum Theil auf Fragen, welche keinen rein philosophischen Charakter an sich tragen, sondern dem historischen Elemente des Christenthums vorherschend sich zuwenden, aber doch in philosophischer Weise behandelt werden sollten, von welcher Art die Fragen sind über die Natur und den Willen des Erlösers; um solche Fragen nun in den Streit ziehen zu können, erhob sich alsdann ein Formalismus des Denkens, erkennbar an der Vorliebe für die Aristotelische Logik, welcher wohl dazu geeignet war dem äußern Zusammenhange der Kirchenlehre zu dienen, aber dagegen den eigentlichen Geist derselben um so weniger bewegte, und in einer Rückwirkung gegen diese Richtung der Untersuchung, darauf angelegt das Göttliche nach Begriffsbestimmung zu messen, welche nur für die Betrachtung weltlicher Gegensätze passen, zeigte sich von der andern Seite ein Hang nach mystischer Beschaulichkeit, welcher der philosophischen Untersuchung eben so wenig förderlich sein konnte. Zu derselben Zeit sonderte sich auch die abendländische Kirche mehr, als dies früher der Fall gewesen war, von der morgenländischen Kirche ab, welches zum Theil in den politischen Verhältnissen seinen Grund hatte, aber doch nicht weniger in den geistigen Richtungen der Zeit gegründet war. Mit dem Übertritte der Römischen Kaiser zur christlichen Religion zog sich auch die politische Macht nach dem Morgenlande hin und es eröffnete sich hier mitten in den kirchlichen Angelegenheiten ein Kampfplatz politisches Ehrgeizes, welcher von den rein wissenschaftlichen Bestrebungen abzog; im Abendlande dagegen, von der weltlichen Herrschaft entfernter, in welchem die Gewalt der Kaiser auch bald gebrochen ward, bildete sich eine größere Selbständigkeit der Kirche aus, welcher wenigstens zu Anfang ein lebendiges wissenschaftliches Bestreben zur Seite ging. Es lag im Gange der Weltgeschichte, daß von der Griechischen Zunge aus das wissenschaftliche Bewußtsein über die lateinisch redenden Völkerschaften sich verbreiten sollte; aber erst durch das Christenthum kam es dahin, daß diese aus ihrer wissenschaftlichen Abhängigkeit von den Griechen sich loslösten und über den Geist der Nachahmung zu freier Erfindung sich erhoben. Hiervon hatte schon am Ende des zweiten Jahrhunderts ein Vorspiel in dem kräftigen Geiste des Tertullianus sich hören lassen, durch den Geist des Augustinus sollte sich dies vollenden und dadurch in der lateinischen Kirche eine Denkweise sich entwickeln, welche die Keime der alten Philosophie auf die neuern Völker zu übertragen vermöchte. Von dieser Zeit an ist unstreitig die abendländische Kirche in philosophischer Untersuchung bei Weitem im Übergewichte über die morgenländische, vermag jedoch im Zeitalter der Kirchenväter nur auf kurze Zeit in sich eine rege Forschung zu behaupten, weil die Eroberungszüge der barbarischen Völkerschaften jetzt die Bildung der alten Völker erschütterten. Unter der Noth dieser Zeiten blieb bald nichts weiter übrig als die Ergebnisse der alten Wissenschaft in matten, verblichenen und dürftigen Abrissen im Gedächtnisse aufzufrischen. Doch schon war das Wichtigste für die folgende Zeit geleistet, schon hatte Augustinus, der große Lehrmeister des Mittelalters und der ganzen abendländischen Kirche die Tiefe seiner Gedanken eröffnet und einen Schatz der anregendsten Lehren und Ermahnungen ausgestreut, welcher hinreichende Sicherheit gab, daß, so lange die abendländische Kirche diesen Grund ihrer Lehre festhalten würde, auch die Gewalt des philosophischen Gedankens in ihr nicht verkannt werden könnte. Was die folgenden Zeiten unseres Abschnittes gebracht haben, das stellt sich freilich im Verhältniß zu dieser Grundlage der Bildung nur als ärmlich und verkümmert dar.

Nach dem, was wir über den Verlauf dieses Zeitraums gesagt haben, muß es natürlich schwer halten recht entscheidende Abschnitte in der philosophischen Entwicklung desselben zu erkennen. Je abhängiger in einem Zeitraume die Philosophie von andern Bestrebungen des menschlichen Geistes ist, um so weniger einfach ist ihre Ausbildung, um so weniger lassen sich in ihr regelmäßige Fortschritte nachweisen. In unserm Zeitraume durchkreuzen sich die verschiedensten Richtungen; so die verschiedene Denkweise, welche sich gleich anfangs in der morgenländischen und in der abendländischen Kirche zeigt, unter den Christen, welche griechisch und welche lateinisch reden, eine Verschiedenheit, welche zuletzt zu einer völligen Trennung der Kirche führt, so die Streitigkeiten theils gegen die orientalische Anschauungsweise, theils gegen die Griechische Philosophie, beide zuweilen unvermischt, zuweilen mit der christlichen Denkweise versetzt, der Kampf theils gegen den alten Staat und die alte Volksthümlichkeit, theils über die sich ausbildende Kirchenverfassung; darin mischen sich alsdann auch noch die gährenden politischen Bestrebungen, welche den alten Staat der Römischen Herrschaft allmälig auflösen und die geistigen Bewegungen einer sehnsüchtigen Erinnerung, welche die alte wissenschaftliche Bildung aufrecht zu erhalten bemüht sind. Wie sollte unter so vielen Einflüssen der verschiedensten Art ein regelmäßiger Fortschritt der Philosophie möglich gewesen sein?

Wir müssen nun dennoch versuchen uns die ganze Mannigfaltigkeit unseres Stoffes unter einige Abschnitte zu bringen, welche die Übersicht erleichtern können, wobei wir aber in Voraus erinnern, daß es unmöglich sein wird, wenn wir die zusammengehörigen Erscheinungen zusammenfassen wollen, einen streng chronologischen Gang der Erzählung zu verfolgen. Gleich zu Anfange unserer Geschichte finden wir eine Classe von Lehren, welche als erste Versuche angesehen werden können die Anregungen des Christenthums zu einer wissenschaftlichen Denkweise zu verarbeiten. Den Mittelpunkt dieser Versuche bilden die Lehren der Gnostiker, so weit sie der Philosophie angehören. Das Charakteristische in ihnen aber ist offenbar, daß dabei noch die vorchristliche Denkweise vorherscht. Man kann diese Lehren als Übergänge aus der vorchristlichen in die christliche Philosophie betrachten. In ihren Anfängen gehen sie vor allen den übrigen Entwicklungen der christlichen Philosophie vorher; aber es ist natürlich, daß sie auch viel später noch, wenngleich in mehr vereinzelten Erscheinungen und unter andern Namen sich wiederholen, da die philosophische Denkweise des Christenthums nicht überall und unter allen Classen der Menschen zu gleicher Zeit sich feststellen konnte. Keine Bedenklichkeit wird uns abhalten das, was seinem Charakter nach ihnen sich anschließt, auch in unserer Erzählung ihnen anzufügen, wenn es auch zum Theil bedeutend später fallen sollte; denn nur in dieser Zeit vor der Entwicklung einer Philosophie im echt christlichen Sinne hatten die Versuche der geschilderten Art eine größere geschichtliche Bedeutung, später traten sie nur als Wiederholungen ohne nachhaltige Wirksamkeit auf und verkünden sich als etwas, was seine Zeit überlebt hat. Fast zu gleicher Zeit mit der Blüthe der gnostischen Systeme entwickelte sich aber auch die philosophische Forschung in der orthodoxen Kirche, zunächst im Kampfe gegen das reine Heidenthum oder Judenthum bei den Apologeten, alsdann aber auch gegen die Gnostiker beim Irenäus und Tertullianus, welchen in einem noch allgemeinern und wissenschaftlichern Sinne die Alexandrinischen Theologen, Clemens von Alexandria und Origenes sich anschließen. So haben wir hier drei Formen der polemischen Entwicklung der christlichen Philosophie, in welchen der Fortschritt unverkennbar ist. In ihnen herscht die Griechische Sprache und Bildung offenbar vor, indem nur Tertullianus der Lateinischen angehört. Aber sogleich nach dem Origenes sinkt auch der philosophische Forschungstrieb herab, wie schon früher erwähnt, ohne daß die gewonnenen Entwicklungen zu einem solchen Abschluß gekommen gewesen wären, daß man dabei im Bewußtsein der errungenen Sicherheit sich für einige Zeit wenigstens hätte befriedigt fühlen können. Vielmehr die Arianischen Streitigkeiten, welche eine der wichtigsten Entwicklungen in der christlichen Denkweise herbeiführten, schließen sich in ihren Vorläufern unmittelbar an die Lehre des Origenes und seiner Schüler an. Wir haben demnach in diesem Herabsinken der philosophischen Forschung nur einen Wink zu sehen, daß hier ein bedeutender Abschnitt in der Entwicklung sich findet. Demnach führen wir die erste Abtheilung der patristischen Philosophie bis in die Mitte des dritten Jahrhunderts herunter; sie umfaßt ungefähr anderthalb Jahrhunderte. Ihren Inhalt können wir dadurch charakterisiren, daß der Streit der Meinungen in ihr vorherschend gegen die Lehren des Heidenthums und des Judenthums gerichtet ist und deswegen hauptsächlich nur darauf ausgeht die Unterscheidungslehren des Christenthums in ihren Hauptzügen so weit zu entwerfen, als es der wissenschaftlichen Fassungskraft dieser Zeit möglich war. Wenn daher auch die Streitigkeiten, welche in dieser Zeit die Kirchenväter beschäftigten, zum Theil mitten in der christlichen Kirche ihren Kampfplatz fanden, so gingen sie doch wesentlich nur darauf aus das zu entfernen, was in den ersten Versuchen des christlichen Denkens von jüdischen und heidnischen Vorstellungsweisen unvorsichtiger Weise war aufgenommen worden. Deswegen sind auch die Ketzereien dieser Zeit im Wesentlichen von allen spätern Zeiten in der christlichen Kirche als solche anerkannt worden.

In einer merklich andern Weise bildete sich die Philosophie in dem zweiten Abschnitte unseres Zeitraums aus. Wir fassen in ihn die wichtigsten Streitigkeiten zusammen, welche jemals in Beziehung auf die Lehre im Schoße der christlichen Kirche sind durchgekämpft worden, die Arianischen und die Pelagianischen Streitigkeiten. Andere Streitigkeiten, welche in dieselbe Zeit oder auch etwas später fallen, werden wir nur beiläufig oder gar nicht erwähnen, weil sie theils von untergeordneter Bedeutung waren, theils die Person Christi betrafen und also keinen rein philosophischen Gegenstand hatten. Hier haben wir unstreitig den Höhepunkt der christlichen Dogmatik unter den Kirchenvätern zusammen, die Zeiten eines Athanasius, eines Gregorius von Nyssa und eines Augustinus. Schon in der äußern Form, in welcher sich jetzt der Streit bewegte, unterscheidet sich dieser Abschnitt bedeutend von dem vorigen. Früher hatte sich die Lehre unter dem Einflusse einer allmälig durchdringenden Meinung gebildet; ausgezeichnete Persönlichkeiten konnten diese zu leiten etwas beitragen; im Ganzen aber war das allgemein und sehr lebendig verbreitete Bewußtsein der kirchlichen Bedürfnisse das Entscheidende gewesen. Jetzt dagegen war die Kirche groß geworden und das vereinigende Band auch um so schwächer; jetzt hatte sich von der Menge das klare Verständniß der kirchlichen Bedürfnisse zurückgezogen; die Kirchenangelegenheiten waren immer mehr in die Hände Weniger gekommen und über die Kirchenlehre entschieden nun fast ohne Widerspruch die Versammlungen der Bischöfe. Diese Umwandlung der Dinge hatte sich schon einige Zeit vor dem Nicänischen Concil ergeben und fällt ziemlich genau mit dem Anfange unseres Zeitabschnitts zusammen; als nun aber Constantin der Große das erste Beispiel eines allgemeinen, vom Kaiser zusammengerufenen Concils gegeben hatte und seine Nachfolger zur Entscheidung der Lehrstreitigkeiten ihm in diesem Wege nachfolgten, da vereinigte sich die weltliche Macht mit der

Macht der Bischöfe und nur durch die Übereinstimmung beider stellte sich fest, was geglaubt werden sollte. Wir werden uns nicht dazu fortreißen lassen zu behaupten, daß jetzt schon die Zeit gekommen war, wo Zufälligkeiten und die Willkür Einzelner etwas als Kirchenlehre hätten durchsetzen können, weil sie zuweilen wirklich die Entscheidung aufgehalten haben. Aber gewiß ist es, daß jetzt weniger von der allgemeinen Meinung, als von dem Gange einer gelehrten Bildung, welche der Clerus pflegte, die Streitigkeiten und ihre Entscheidung ausgingen. Daher geschieht es denn auch, daß in diesem Zeitabschnitte die Lehren einen Charakter annehmen, welcher mehr der Schule, als dem Leben angehört, und auf Unterscheidungen beruhen, welchen der Sinn der gläubigen Menge nicht folgen konnte. Noch wesentlicher ist ein anderer Unterschied, welcher zwischen den Streitigkeiten des vorigen und des hier betrachteten Abschnittes stattfindet. In jenem wurde um die Unterscheidungslehren des Christenthums gestritten, jetzt aber kamen zum größesten Theil solche Fragen an die Reihe, welche erst im Christenthum sich erzeugt hatten und daher verschiedene Richtungen innerhalb des Christenthums zur Entscheidung bringen sollten. Unstreitig ist dies bei allen Fragen der Fall, welche über die Person Christi jetzt angeregt wurden. Aber auch die Arianischen Streitigkeiten griffen in allem, was sie von bejahender Seite zum Erfolg hatten, in solche Untersuchungen ein, wenn wir auch nicht leugnen wollen, daß sie auch noch einen Überrest des Heidnischen oder Jüdischen auszuscheiden bestimmt waren. Niemand wird verkennen, daß dies noch in einem höhern Grade von den Streitigkeiten gilt, in welchen Augustinus seinen philosophischen Geist zu bewähren hatte, von den Pelagianischen. Wenn auch das Verhältniß der göttlichen Gnade zur menschlichen Freiheit schon in der Denkweise der Heiden und der Juden nicht ganz unberücksichtigt gelassen wurde, so ist es doch der christlichen Philosophie als ein besonders hervorleuchtendes Verdienst anzurechnen, daß sie zuerst mit Gründlichkeit und eindringendem Scharfsinn ausführlich dasselbe behandelt hat. Nur von einer Religion konnte diese Aufgabe genügend zur Sprache gebracht werden, welche die unbeschränkte Herrschaft eines Gottes verehrte und diesen nicht allein in einem uns fernen und fremden Verhältniß zu uns erblickte, sondern als seine heiligende Kraft in unserm eigenen Herzen kannte. Daher schließen sich auch diese Untersuchungen über die göttliche Gnade an den Abschluß der Dreieinigkeitslehre und an die Feststellung der Gottheit des heiligen Geistes an, so überhaupt das Ende der dogmatischen Streitigkeiten bildend, welche im Zeitalter der Kirchenväter von fruchtbaren Folgen waren. Aber wenn es nun von den Arianischen Streitigkeiten schon in einem gewissen Sinne gilt, daß die Punkte, welche in ihnen festgestellt wurden, doch nicht in aller Rücksicht als nothwendig für den christlichen Glauben gelten können, vielmehr dabei willkürlich und nur durch Annahme einer bestimmten Kunstsprache abgeschlossene Meinungen vorkommen [1]), so haben wir

---

1) Um uns in voraus vor Misverständnissen zu bewahren, bemerken wir ausdrücklich, daß dies mit den Bestimmungen über οὐσία und ὑπόστασις, substantia und persona der Fall ist, über

dies noch in einem entschiedenern Sinne von dem Ausgange der Pelagianischen Streitigkeiten zu behaupten. Er hat keine unbestrittene Ketzerei begründet, weil er eben nur über verschiedene Richtungen in der christlichen Denkweise geführt wurde, deren wissenschaftliche Ausgleichung unter einander noch lange gesucht werden sollte. Daher konnte die persönliche Überlegenheit des Augustinus zwar die Pelagianische Lehrform verdrängen und die entgegenstehende Lehre von der Gnade zur herschenden machen, aber auch das fortdauernde Ansehn dieses großen Kirchenlehrers ist nicht im Stande gewesen alle andere Lehrweisen über diesen Punkt zu beseitigen. Daß nun diese Blüthenzeit der patristischen Philosophie doch nur mit einem nicht völlig ausgekämpften Streit, ohne genügendes Ergebniß schließt, kann man nur dem Charakter dieser Philosophie überhaupt entsprechend finden. Eine so einseitige Forschung, wie sie die Kirchenväter verfolgten, in vorherschend theologischer Richtung, ohne gründliches Eingehn in weltliche Dinge und Bestrebungen, konnte auch kein genügendes Ergebniß bringen, sie mußte in der Fülle ihrer Kraft mit einer einseitig theologischen Annahme schließen, wie es in der Lehre des Augustinus wirklich der Fall ist, welche zwar der göttlichen Gnade, aber nicht der Freiheit des Willens ihr Recht widerfahren läßt. Noch einen dritten Punkt müssen wir bemerken, durch welchen dieser Abschnitt unserer Geschichte von dem

---

deren Gebrauch weder die Lateinische und die Griechische Kirche, noch die einzelnen orthodoxen Kirchenlehrer unter einander einig waren.

vorhergehenden sich unterscheidet. Es ist schon angedeutet worden, daß jetzt das Verhältniß zwischen dem Morgenlande und dem Abendlande in philosophischer Rücksicht sich umkehrte; wenn früher jenes in allen wissenschaftlichen Untersuchungen die Hauptrolle gespielt hatte, so kam jetzt dieses zu einer viel kräftigern wissenschaftlichen Entwicklung als jenes. Nicht allein daß Augustinus durch seine polemische Kraft die Vertreter der Griechischen Kirche bei Weitem übertraf, auch an Umfang der wissenschaftlichen Bildung, an Weite des Gesichtskreises ist er ihnen überlegen und besonders dadurch ausgezeichnet, daß er gleich dem Origenes nicht so schlechthin, wie die meisten Kirchenväter, in seinen Forschungen von polemischen Rücksichten abhängig war. Mit dem Gange der dogmatischen Entwicklung ergab sich aber diese Umwandlung des Verhältnisses Hand in Hand. Wir haben bemerkt, daß, als beim Abschluß der Arianischen Streitigkeiten die Lehre vom heiligen Geiste in Bewegung kam, auch die Untersuchung über die Gnade dadurch aufgeregt wurde, und diese mußte nun auch natürlich dem praktischen Geiste der Lateinischen Kirche besonders sich empfehlen und dazu beitragen, daß diese auch in der Entwicklung des wissenschaftlichen Geistes den Vorrang gewann. Es ist eine bewunderungswürdige Ordnung des Fortschritts in diesen Lehren: die Glaubensformel geht von Gott dem Vater aus und gelangt durch den Sohn und den heiligen Geist hindurch zu der praktischen Lehre von der Kirche, in welcher alle die Gnadenwirkungen des heiligen Geistes umfaßt sind; ein Kirchenvater der Zeit, in welcher die Lehre vom heiligen Geiste festgestellt wurde, bemerkt, das alte

Testament habe den Vater offenbar, nur dunkler den Sohn verkündet, das neue Testament darauf den Sohn offenbart, die Gottheit des Geistes nur angedeutet, jetzt aber wohne der Geist unter den Christen und zeige sich deutlicher; das sei der natürliche Gang der Offenbarung [1]; hätte er etwas später gelebt, er würde schwerlich verfehlt haben bemerklich zu machen, daß nun auch die Offenbarung noch weiter fortgeschritten sei deutlicher als vorher die Gnadenwirkungen in ihrem Gegensatz gegen den menschlichen Willen zu verkünden. Denselben Weg der Entwicklung finden wir nun auch in der patristischen Philosophie; im ersten Zeitalter dreht sich alles wesentlich darum den Begriff des einen Gottes in seiner Würde und seiner Güte, wie sie den Gläubigen unter allen Völkern durch Christum zum ewigen Leben gereichen soll, gegen alle Zweifel zu vertreten; dann beim Beginn des zweiten Zeitalters wird in den Arianischen Streitigkeiten die Gottheit des Sohnes, im weitern Verlauf auch die Gottheit des heiligen Geistes behauptet, bis zuletzt die Lehre von den göttlichen Gnadenwirkungen im weitesten Sinne ihre Vertretung findet.

Hiermit ist aber auch die lebendige und frische Entwicklung der patristischen Philosophie zu Ende; alles, was noch weiter erfolgt, trägt die Spuren eines schnell hereinbrechenden Verfalls an sich. Wir müssen die Geschichte dieses Verfalls in einen dritten Abschnitt bringen. Sie bietet nur dadurch einiges Interesse dar, daß sie besonders nach der Seite der Lateinischen Literatur die Brücke in eine spätere Zeit bildet und einige der Grund-

---

1) Greg. Naz. orat. 31, 26.

lagen der philosophischen Kenntnisse des Mittelalters enthält, von der Seite der Griechischen Literatur aber zeigt,
welche auflösende Elemente doch in der patristischen Philosophie sich verbunden fanden; denn jetzt treten diese
Elemente, deren ungleiche Mischung schon im zweiten Abschnitte bei den morgenländischen Kirchenvätern sich sehr
bemerklich macht, auf das entschiedenste auseinander. Das
Christenthum hatte zwar die Denkweise der alten Völker
umgewandelt; im Kreise der theologischen Lehren war
das Unchristliche allmälig ausgeschieden worden; allein
die allgemeinern wissenschaftlichen Grundlagen der patristischen Philosophie gingen doch in eine frühere Zeit zurück
und waren in einer andern Denkweise ausgebildet worden; man unterschied nun Lehren, welche das Christenthum unabänderlich festgestellt hatte, und Meinungen der
Philosophie, über welche man dem wahren Glauben unbeschadet verschieden denken könne; wer aber einsieht, wie
in der Wissenschaft alles mit allem zusammenhängt, der
muß gestehen, daß hierbei eine große Gefahr herschte,
daß durch die Folgerungen aus diesen letztern auch die
ersteren erschüttert werden konnten. Zwar die Unterscheidungslehren der christlichen Denkweise in ihren Hauptzügen, so weit sie zur Gründung der Kirche nothwendig
waren, hatten sich festgestellt, in ihren entferntern Beziehungen aber, deren eine jede Lehre unendliche hat, konnten
noch viele Punkte stehen geblieben sein, welche mehr oder
weniger verdeckt ihnen widersprachen. Selbst wer einen
festen Grund des Glaubens hat, ist vor Einseitigkeiten
und Irrthümern nicht sicher. Wie fest wurzeln nun Vorurtheile, welche durch die Sitten eines Volkes, durch den

Schein einer tausendjährigen Erfahrung unterstützt werden. Sollte es wohl den Christen, welche von Kindesbeinen an Griechische und Lateinische Sprache und Literatur eingesogen hatten, welche in der Römischen Staatsverfassung lebten, unter einem harten, von kriegerischer Sitte zur Gewaltsamkeit, ja Grausamkeit gewöhnten Gesetze ihr menschliches Gefühl hatten abstumpfen lassen, welche die Sklaverei nicht zu entbehren, das Vorurtheil, daß gebildete Griechen und Römer von den Barbaren durch einen tiefen Unterschied abgesondert seien, nicht zu überwinden wußten, sollte es ihnen möglich gewesen sein dem milden und alles umfassenden Geiste des Christenthums in allen seinen Folgerungen getreu zu bleiben? Was uns betrifft, wir wagen so etwas nicht zu hoffen, da uns vielmehr das Christenthum als eine Sinnesweise erscheint, welche auch jetzt, nachdem sie viele Jahrhunderte schon gewirkt hat, noch in vielen Punkten die harten Herzen der Menschen bearbeiten und besiegen soll. Es mag noch einmal an etwas schon früher Gesagtes erinnert werden: die alten Völker hatten ihren Ruhm in den vorchristlichen Zeiten errungen; an diesem hing ihr Herz, ihr Gemeinsinn, ihre volksthümliche Bedeutung; so wie das Christenthum ihren Stolz demüthigte, so nahm es ihnen auch den lebendigen Geist ihrer Entwicklung. Andere Völker mußten nun aufkommen, deren eigentliche Geschichte, deren mit Bewußtsein ihres Zusammenhangs fortgeführte Erinnerungen mit dem Christenthum verwachsen waren, damit dieses in einer noch reinern Gestalt aufgefaßt werden könnte, als die alten Völker es sich zu eigen zu machen im Stande waren.

An diese Gedanken schließt sich uns noch eine andere Bemerkung an. Wenn auch die alte Volksthümlichkeit der Griechen und Römer in dieser Zeit noch fortwirkt, so ist sie doch im Untergehn. Dies verkündet sich auch in der örtlichen Verbreitung, in welcher wir in dieser Periode die christliche Philosophie finden. Es ist auffallend genug, daß wir in unserer Geschichte der patristischen Philosophie keinen einzigen bedeutenden Philosophen zu erwähnen haben werden, welcher den alten Stammlanden des Griechischen und Römischen Namens angehörte. Aus Rom und Italien werden wir nur in den letzten Zeiten des äußersten Verfalls eines und des andern zu gedenken haben; aus Athen, der alten Schule der Griechischen Philosophie, ist nur einer, der Apologet Athenagoras; alles dies ist von sehr untergeordneter Bedeutung. Schon die Philosophie unter den Heiden hatte sich allmälig von den Mittelpunkten der Griechischen und Lateinischen Bildung nach den äußern Grenzen gezogen; aber in einem viel höhern Grade war dies von der Verbreitung des Christenthums für die neue Philosophie bewirkt worden. So wie der thierische Körper anfangs von seinem Mittelpunkte, vom Herzen aus sich bildet, alsdann aber zum Maße seiner Größe gekommen in den Gliedern vorherschend seine Kraft bethätigt, welche, wie Hände und Füße, nach außen sich erstrecken, und nun das Herz allmälig abstirbt, so haben sich auch die alten Völker entwickelt und ihre Bildung zuletzt nach außen verbreitet, aber auch zugleich in dieser nach außen strebenden Wirksamkeit ihre innerste Kraft verzehrt. Ein jeder Lebenskeim kann doch nur ein gewisses Maß der äußern Materie bewältigen;

je mehr er in diese sich hineinarbeitet, um so schwächer wird er nach innen. So schlafen jetzt Griechenland und Italien, was die wissenschaftliche Arbeit betrifft, am Ausgang ihrer Wirksamkeit. Die christliche Philosophie aber entwickelt sich von der Seite der morgenländischen Kirche in Syrien, noch mehr in Ägypten, hie und da in Kleinasien, vorzüglich in Kappadocien, von der Seite der abendländischen Kirche fast ausschließend in Africa. Man kann bemerken, daß auch die Länder, in welchen die neuern Völker sich bilden sollten, dazu bestimmt einst der Schauplatz einer sehr fruchtbaren philosophischen Forschung zu werden, in unserer Periode nur einen sehr geringen Antheil an der Ausbildung der christlichen Philosophie hatten. Sie ruhen noch; ihre Zeit ist noch nicht gekommen.

Zweites Buch.

Übergänge aus der alten in die christliche Philosophie. Gnostische Secten und verwandte Bestrebungen.

Erstes Kapitel.

Allgemeine Bemerkungen über den Gnosticismus.

Wenn auch das Christenthum zunächst an die Stände der Gesellschaft sich wendete, welche weniger mit Wissenschaft, als mit dem werkthätigen Leben zu schaffen haben, so ist es doch der Natur religiöser Bewegungen gemäß, daß je tiefer sie in das menschliche Gemüth eingreifen, um so stärker auch Gedanken von ihnen angeregt werden, welche den wissenschaftlichen Offenbarungen des Geistes an Fülle der Kraft und an Fruchtbarkeit des Inhalts wenigstens sich gleich stellen können. In den Schriften der Apostel des Christenthums finden wir zwar keine wissenschaftlich geordnete Lehre, kein System, dessen Zusammenhang deutlich und in sicherer Gliederung sich darlegte; aber die Gedanken, welche aus ihnen wie aus einer überreichen Quelle hervorströmen, sie sind fähig mit unerschütterlichem Ansehn sich uns einzuprägen und unser Innerstes, wo sie es nicht umwandeln können, doch in die lebhafteste Bewegung zu setzen.

Unstreitig konnte die Predigt des Christenthums nicht alle, auf welche sie doch einen Eindruck machte, auch zu einer völligen Sinnesänderung bewegen. Allen religiösen

Umwandlungen pflegt es zu geschehen, daß sie außer dem, was sie bezwecken, auch noch andere Mächte in Aufregung bringen. Auch die christliche Religion hat sich nicht ausbreiten können ohne Aberglauben und Schwärmerei in ihrem Gefolge. Schon bei ihrer ersten Verkündigung konnten diese Ausartungen oder vielmehr diese bösen Gefährten einer guten Sache nicht ausbleiben. Wir finden, daß schon die Apostel mit solchen Schwärmgeistern zu kämpfen hatten, welche zwar auch ohne das Christenthum gewesen sein, aber ohne dasselbe doch nicht diese Gestalt ihrer Denkweise angenommen haben würden.

Es ist an sich wahrscheinlich, daß unter den ersten Irrlehrern, welche mit dem Christenthume in Berührung kamen und zum Theil demselben sich anzuschließen suchten, auch schon die Keime der spätern gnostischen Irrlehren sich verbreitet fanden. Denn die Aussicht in die Tiefen göttlicher Offenbarung, welche das Christenthum eröffnete, wie hätte sie nicht voreilige Geister dahin reißen sollen das als gegenwärtig vorwegnehmen zu wollen, was nur einer späten Zukunft vorbehalten ist? Der geistige Hochmuth, welcher eine Haupttriebfeder im Gnosticismus ist, hat von jeher seine Wurzeln in der religiösen Schwärmerei getrieben. Im Christenthum lag unstreitig ein lebhafter Trieb zur Erkenntniß des Göttlichen. Es war leicht sein Wesen mit einer höhern, geheimnißvollen Erkenntniß zu verwechseln, welche nur den Auserwählten verliehen worden sei.

Doch sind die Spuren, welche in den Kämpfen der apostolischen Kirche auf Gnosticismus zu führen scheinen, nicht sehr sicher. Es wird einmal von einer Lehre gesprochen, welche die Tiefen des Satans erkannt haben wollte [1]); dies trifft am nächsten den eigentlichen Charakter, den rechten Mittelpunkt der gnostischen Lehren. Andere Andeutungen, welche hie und da zerstreut sind, geben noch weniger gewisse Gesichtspunkte ab [2]). Wir zweifeln nicht, daß auch sie im Allgemeinen richtig auf gnostische Irrthümer gedeutet werden; aber unsere Überzeugung davon geht uns mehr aus einer allgemeinen Überlegung hervor, als aus dem untrüglichen Sinne der Überlieferung.

Wenn nun das Christenthum in seinem ersten Auftreten doch bei Weitem mehr dem praktischen Leben als der Wissenschaft zugewendet war, so konnte es auch nicht ausbleiben, daß ähnliche schwärmerische Richtungen auch in praktischer Richtung sich erzeugten. Dahin weisen denn auch fast alle Andeutungen, welche wir über die gnostischen Lehren in den ältesten Zeiten der Kirche haben. Es ist im Geiste dieser Verirrungen auch dem Aberglauben Raum zu geben, welcher aus geheimnißvoller Einsicht auch geheimnißvolle Macht über die Natur ableitet. Die wunderbaren Wirkungen des Christenthums in seiner ersten Erscheinung konnten nicht leicht vermeiden auch einem solchen Aberglauben Nahrung darzubieten. Wenn sie auch dafür angesehn sein wollten nur von geistiger Erregung aus den Menschen und seine Kräfte umzugestalten, so legten sie doch weniger geistig Gesinnten die Vermuthung nahe, daß hierbei Kräfte obwalteten, welche ohne Unter-

1) Apocal. 2, 24. Man mag dies wörtlich oder im ironischen Sinne erklären, gleich viel.

2) So die im Briefe Judä und im 2ten Kap. des Briefes an die Colosser.

schied der Gesinnung nur als äußere Mittel gebraucht werden könnten. Ein Beispiel hiervon bietet die Geschichte Simon's des Magers dar [1].

Eben an diesen Mann hat die Sage die Entstehung des Gnosticismus geknüpft. Sie betrachtet ihn als die Quelle aller spätern Secten dieser Art und legt ihm eine Lehre bei, welche allerdings manche Züge des spätern, ausgebildetern Gnosticismus an sich trägt [2]. Durch seinen Schüler Menander, einen Samaritaner, wie auch Simon ein Samaritaner war, soll diese Lehre auf zwei spätere Häupter gnostischer Secten, den Saturninus und Basilides, herabgekommen sein [3]. Es ist die Weise solcher Sagen, daß sie auf eine Quelle das zurückzuführen suchen, was aus vielen und verschiedenartigen Beweggründen hervorging und nur in einer gemeinschaftlichen Richtung des Geistes zusammenhing. Geschichtliche Anknüpfungspunkte dieser Sage sollen damit nicht geleugnet werden. Die Secten der Simonianer und Menandrianer welche sich noch in spätern Zeiten finden, weisen auf solche hin; es ist aber schon aus chronologischen Gründen unwahrscheinlich, daß wir in der angegebenen Folge der Sectenhäupter eine lückenlose Überlieferung haben. Noch weniger wahrscheinlich ist es, daß eine Lehre, deren geschichtliche Keime in einer weit verbreiteten Denkweise lagen, nicht allmälig aus vielen Bächen zu einem Flusse angeschwollen sein sollte. Zwar jene Bäche haben zum Theil einen entfernten Ursprung, aus urkundlich wenig

1) Act. 8.
2) Iren. I, 23. ed. Massuet.
3) Ib. 24, 1.

bekannten Gegenden; von vielen derselben können wir nur aus unsichern Nachrichten etwas abnehmen; aber nachdem sie ihre Gewässer mit einander gemischt haben, bemerken wir noch die verschiedene Farbe, die verschiedenen Bestandtheile derselben und können hieran noch ihren heimathlichen Boden errathen.

Das Vaterland der gnostischen Lehren ist unstreitig der weite Umfang des Orients. Die Gnostiker ziehen ihre Vorstellungen zum Theil aus der jüdischen Religion, zum Theil aber auch, besonders wo sie eine philosophischere Haltung annehmen, aus andern orientalischen Lehren. Viele orientalische Formeln, Worte und Bilder sind in ihrer Lehre beibehalten worden. In Syrien und Ägypten haben sie sich zuerst verbreitet. Aber auch in den tiefern Orient hinein haben sie zu dringen und aus Persien und Indien mit entfernterer, darum geheimnißvollerer, höherer Weisheit sich zu bereichern gesucht [1]. Alle diese orientalischen Elemente ihrer Bildung strebten sie jedoch mit den Begriffen der Griechischen Philosophie zu versetzen, und wir können daher nicht anstehn sie den Erscheinungen zuzuzählen, welche aus der Vermischung der Griechischen und orientalischen Philosophie in den Zeiten der Verbreitung des Christenthums in großer Zahl hervorgingen.

Zu dem Christenthum selbst verhielten sie sich nicht alle in gleicher Weise. Von einigen werden wir finden, daß sie eine entschiedene Neigung hatten der Bewegung des

---

1) Auf Persische Lehre weist offenbar Basilides hin. Archelai et Manetis disp. fin. 55 p. 276 b. Routh rell. sacr. Eine Bekanntschaft mit Indien ist unstreitig beim Bardesanes. Vergl. Neander gnost. Syst. S. 201 f.

Christenthums sich anzuschließen und wenigstens einige Lehren, welche aus ihm hervorgegangen waren, mit ihrer schwärmerischen Denkart in Verbindung zu bringen, während dagegen andere nur ganz äußerlich mit ihm in Berührung kamen und in ihm nichts sahen als eine Lehre wie andere Lehren, einer Wahrheit freilich theilhaftig, welche aber auch bei andern Völkern oder Männern schon eben so vorgekommen sei. Dies gilt sogleich von dem vermeinten Vater aller Gnostiker, von Simon dem Mager. Denn wenn auch die Erzählung, daß er sich als Jupiter habe verehren lassen, der Sage angehören sollte [1]), so beweisen doch auch andere mehr charakteristische Züge — wie die Verehrung der Helena, welche in Verbindung mit der Seelenwanderung und der Dichtung des Stesichorus gebracht wurde, wie die Vertheilung der Offenbarung über Juden, Heiden und Samaritaner, in welcher er selbst als die Offenbarung des Vaters sich dargestellt haben soll [2]) —, daß die christliche Offenbarung ihm oder seiner Secte nur ein sehr untergeordnetes Gewicht hatte [3]). Dasselbe gilt nicht weniger von dem Carpocrates, dessen Lehrweise fast ganz an platonisirende Vorstellungen sich anschließt. Der Vorzug, welchen er Jesu vor andern Menschen zuschreibt, besteht nur darin, daß er eine kräftigere und reinere Seele gehabt habe, welche daher besser die vor dem irdischen Leben geschauten Ideen zu bewahren im Stande gewesen sei. Seine Anhänger verehrten zwar Jesum wie

---

1) Gieseler Kirchengesch. 3te Ausg. I S. 59.

2) Iren. I, 23, 1 sq.

3) Orig. c. Cels. V, 62 zählt die Simonianer nicht zu den Christen.

einen Gott, stellten aber sein Bild zur Verehrung auf neben andern Bildnissen göttlicher Männer, eines Pythagoras, eines Platon, eines Aristoteles [1]).

In dem Gange der Geschichte, welche wir hier zu verfolgen haben, können wir, wie sich von selbst versteht, von den gnostischen Systemen, welche an das Christenthum nur scheinbar sich anschließen, keine Kenntniß nehmen. Sie haben überdies, so weit unsere Überlieferung reicht, nur eine geringe Bedeutung für die Philosophie. Dasselbe gilt auch von andern gnostischen Lehren, welche zum Theil in einer wilden Schwärmerei sich bewegten, wie z. B. die Lehren der Ophiten und der diesen verwandten Secten. Noch andere Gnostiker haben wir von unsern Untersuchungen auszuschließen, weil ihr Charakter fast nur den praktischen Bewegungen in der geschichtlichen Entwicklung der Kirche sich zuwendet, wie dies namentlich bei den Marcioniten der Fall ist. Nur insofern wir bei den Gnostikern ein Streben bemerken die Bewegungen des christlichen Geistes in philosophischer Weise sich zum Verständniß zu bringen, können sie unsere Aufmerksamkeit auf sich ziehen.

Die Erlösung von allem Übel und allem Bösen, welche das Christenthum uns verheißt, mußte die Frage nach dem Grunde des Übels und des Bösen auf das lebhafteste anregen. Es war auch diese Frage schon früher vielfach in Bewegung gerathen, seitdem überhaupt die orientalische Denkweise mit der Griechischen Philosophie in Berührung gekommen war. Wir können uns daher darüber nicht

---

1) Iren. I, 25, 1; 6.

wundern, daß sie die Systeme der Gnostiker fast ausschließend beschäftigt. Sie bot eine um so größere Schwierigkeit dar, je geneigter man war anzunehmen, daß diese Welt das Werk eines einigen, gütigen und allmächtigen Gottes sei, welcher ohne Beihülfe oder Störung durch ein Anderes sie geschaffen habe. Aber über diese Annahme spalteten sich auch schon die gnostischen Systeme, indem einige dieselbe festzuhalten suchten, andere glaubten, daß sie mit der Unvollkommenheit der Welt in Widerspruch stehe. In diesem Fall wurden sie auf dualistische [1], in jenem auf idealistische Lehren geführt. Wir wollen die erste Richtung des Gnosticismus zuerst betrachten, weil sie offenbar den Voraussetzungen des Christenthums am fernsten steht.

Zweites Kapitel.

Dualistische Gnostiker.

Unsere Überlieferungen führen auch in der That darauf, daß die dualistische Richtung des Gnosticismus früher sich entwickelt habe, als die idealistische. Sie entsprach der Art der Philosophie am meisten, welche zu der Zeit Christi am allgemeinsten verbreitet war. Denn diese konnte

1) Von Dualismus spreche ich immer nur da, wo zwei entgegengesetzte Urwesen angenommen werden. Der weitere Gebrauch dieses Wortes, wenn ihm nicht durch genauere Verständigung nachgeholfen wird, ist nur verwirrend.

selbst in ihrer orientalisirenden Entwicklung nicht abkommen von dem ursprünglichen Gegensatz zwischen der Materie und zwischen Gott, wie die Lehren des Juden Philon und andere verwandte Lehren zeigen. Auch die beiden Gnostiker, welche als Schüler des Menander angeführt werden, Saturninus und Basilides, finden wir, verfolgten diese Vorstellungsweise.

1. Saturninus.

Bei dem erstern freilich, welcher von Antiochia in Syrien stammte und hier auch seine Lehren verbreitete, können wir aus Mangel an ausführlichern Nachrichten [1]) über sein System den Dualismus nicht ganz entschieden nachweisen, indem es ungewiß ist, ob er den Satan, welcher den weltbildenden Engeln von ihm entgegengesetzt wird [2]), als einen von Gott geschaffenen Engel oder als ein Wesen von einem andern Ursprung ansah, oder ob er überhaupt in allen den von Gott hervorgebrachten Wesen nicht schon eine Vermischung mit der Materie annahm, indem diese von Gott nur gebildet worden wäre. Aber die Lücke, welche in unsern Überlieferungen über seine Lehre ist, läßt sich eben daraus am leichtesten ableiten, daß er eine weitläuftige Erklärung des Übels und des Bösen gar

---

1) Hauptquelle ist Irenaeus I, 24, 1 et 2. Epiphanius (haer. XXIII, 1 et 2) hat nur einige Erweiterungen, die als Umschreibungen des Irenäus angesehn werden können. Dazu kommt Theodoret (haer. fab. I, 3), der ebenfalls dem Irenäus, wie gewöhnlich, folgt und nur dazu dienen kann auf die Spuren des verlorenen Griechischen Textes des Irenäus zu führen.

2) Iren. I, 4, 2.

nicht für nothwendig hielt, indem der genügende Grund desselben schon in der Materie liege, von welcher er entweder annehmen mochte, daß sie von Gott gebildet worden sei oder auch, daß sie ein eigenes dem Reiche göttlicher Emanation entgegengesetztes Reich bilde. Er erzählte nemlich, der eine, Allen unbekannte Vater habe verschiedene geistige Gewalten, Engel, Erzengel, Kräfte und Herscher gemacht, aus denen sieben Engel Schöpfer und Regierer der Welt geworden wären, unter ihnen auch der Gott der Juden. Diese hätten auch den Menschen gebildet in dem Wunsche das Lichtbild festzuhalten, welches von der höchsten Gewalt herab sich zeigte, aber eben so schnell auch wieder verschwand. Jedoch bei ihrer Schwäche hätten sie den Menschen nicht aufrecht zu bilden vermocht, sondern nur wie ein Gewürm an der Erde kriechend. Darauf hätte sich aber die höhere Kraft, nach deren Bilde der Mensch gemacht worden, dieses ihres Abbildes erbarmt und einen Funken des Lebens in den Menschen gegossen, daß er sich habe aufrichten können, und es sei nun dieser Funke der göttlichen Kraft dazu bestimmt, nachdem die übrigen Bestandtheile des Menschen im Tode aufgelöst worden, wieder zu seinem Urquell zurückzukehren. Zu diesem Zwecke, zur Rückkehr des Geistigen, sei auch der Heiland in die Welt gekommen. An dieser Erzählung ist es auffallend, daß die weltbildenden Engel als so schwache Wesen beschrieben werden, daß sie nicht einmal eines Funkens göttlicher Kraft mächtig sind ihn in ihre Schöpfung zu legen, daß aber dennoch ihnen zwar eine natürliche Schwäche, aber nichts Böses zugeschrieben wird. Zwar wird weiter berichtet, daß die

Fürsten der Welt ihren Vater hätten auflösen wollen [1]) und daß deswegen Christus hätte in die Welt kommen müssen zur Zerstörung des Juden-Gottes und zum Heile der Gläubigen, d. h. derer, welche einen Funken seines Lebens oder des Lebens der göttlichen Kraft in sich trugen; aber dennoch werden diese schwachen Götter, welche Gottes Wesen zu zerreißen streben — wahrscheinlich nach pantheistischer Vorstellungsweise, daß die Vielheit des Göttlichen seine Einheit zertheilen müsse — nicht für böse gehalten, sondern es ist dies ihre Natur, nach welcher sie nicht anders können, und das Böse ist nur, daß sie einer höhern Kraft sich bemächtigt haben, welche wieder mit ihrem Urquell vereinigt werden soll.

Wie ungenügend nun auch die Absichten dieser Lehre angedeutet sind, so läßt sich doch schwerlich bezweifeln, daß es ihr besonders am Herzen liegt Gutes und Böses oder höhere und niedere Natur als einander durchaus entgegengesetzt und unverbunden durch eine gemeinsame Quelle zu schildern [2]). Daher setzt Saturninus auch zwei

---

1) Grabe will hier freilich nach dem Theodoret den alten Übersetzer corrigiren, aber auch Epiphanius (haer. XXIII, 2) hat etwas Ähnliches von einer Empörung der Götter gegen den höchsten Gott; ich folge daher lieber mit Massuet der alten Übersetzung als dem Theodoret, welcher den Irenäus oder die Lehre des Saturninus nicht verstanden zu haben scheint; diese enthält unstreitig eine Nachbildung heidnischer Mythen vom Zerreißen des Gottes.

2) Am besten, glaube ich, läßt sich die Denkart des Saturninus aus der Lehre des Plutarch erläutern, welche drei Principien annimmt, Gott, die Materie und das böse bewegende Princip. Aus der Materie bildet Gott die Engel, diese, die gewordenen Götter des Platon, bilden die Welt, das böse Princip aber soll

Arten der Menschen, gute und böse, welche von Natur von einander verschieden sind, jene als theilhaftig des göttlichen Funkens, diese unter der Herschaft der bösen Geister stehend. Das Reich des Satans aber und der bösen Menschen soll aufgelöst und die guten Menschen zu ihrem Urquell zurückgeführt werden durch die Wirkungen des Erlösers. Es liegt in der Natur dieser Lehre, daß sie eine Scheu trägt vor weltlichen Dingen, mögen sie aus der weder guten noch bösen Materie oder aus einer dem guten Princip feindseligen Macht hervorgegangen sein; denn auf jeden Fall ziehen sie doch unsere Seele ab von der Rückkehr zu ihrem Urquell. Daher hegten denn auch viele Anhänger des Saturninus Abscheu vor Fleischspeisen. Ehe und Fortpflanzung des Geschlechts erklärten sie für ein Werk des Satans. Auch in diesen Vorschriften kann man eine Neigung zur dualistischen Ansicht finden.

Freilich wollen nun diese Lehren an die Bewegungen des Christenthums sich anschließen; sie erkennen an, daß eine neue Entwicklung in der Menschheit durch den Heiland eingeleitet worden sei, eine Entwicklung, welche zur Auflösung des Bösen führen solle. Aber wie wenig wissen sie doch den Sinn dieser Bewegungen zu deuten! Sie kennen in dieser Welt eine Natur, welche nicht von Gott ist, einen Theil der Menschen weisen sie dieser Natur zu. Wenn dieselbe ihren eigenen Grund haben sollte, wie möchte es möglich sein, sie wirklich gänzlich aufzulösen, sie zu vernichten und so das Böse verschwinden zu lassen?

---

allmälig überwunden werden. S. meine Gesch. der alten Phil. 2te Aufl. IV S. 545 ff. Mit dieser Vorstellungsweise lassen sich alle Überlieferungen über die Lehre des Saturninus vereinigen.

Entweder müssen sie ihren eigenen Grundsätzen ungetreu werden, oder sie können nicht im vollen Sinne des Wortes behaupten, daß alles Böse verschwinden solle.

2. Basilides und seine Secte.

Vollständiger und urkundlicher als über die Lehre des Saturninus sind uns die Überlieferungen über das System des Basilides zugekommen. Es wird uns angegeben, wie Saturninus in Syrien, so habe er, zu Alexandria geboren, in Ägypten die gnostische Lehre verbreitet [1]. Seine Wirksamkeit wird in die Zeiten des Kaisers Hadrianus gesetzt [2]. Zur Verbreitung seiner Lehre wirkte er auch durch Schriften, aus welchen uns noch Bruchstücke erhalten worden sind. Sie waren der Auslegung heiliger Schriften gewidmet, aber wahrscheinlich nicht allein unserer kanonischen Schriften, denn Basilides und seine Schule beriefen sich auch auf falsche Propheten [3]. Nicht geringer scheint die literarische Thätigkeit seines Sohnes Isidorus gewesen zu sein, welcher der Lehre seines Vaters anhing und aus dessen Schriften wir ebenfalls noch Bruchstücke besitzen [4].

---

1) Iren. I, 24, 1. Eine abweichende Angabe ist, daß er in Persien gelehrt habe. Archel. et Manet. disp. 55 p. 275.

2) Clem. Alex. strom. VII p. 764 ed. Par. 1641; Euseb. Chron. ann. Hadr. 17.

3) Euseb. eccl. hist. IV, 7; Clem. Alex. strom. IV p. 506; Archel. et Manet. disp. l. l.; Orig. in Luc. hom. I p. 933. ed. Ruaei. Er berief sich auf die Propheten Barcabbas, Barcoph und andere.

4) Clem. Alex. strom. II p. 409; III p. 427; VI p. 641. Unter andern eine exegetische Schrift über den Propheten Parchor.

Ausdrücklich wird uns gesagt, daß Basilides im Verhältniß zum Saturninus die Lehre der Gnostiker durch Erfindungen scheinbar zu vertiefen, auf jeden Fall aber zu vermannigfachen suchte durch eine weitläuftig ausgesponnene Erzählung von den Emanationen der Gottheit [1]. Dabei aber strebten die Basilidianer doch den apostolischen Ursprung ihrer Behauptungen zu beurkunden [2] und schlossen sich auch insofern an die strenge Absonderung der damaligen Christen von der heidnischen Philosophie an, als sie alles, was von dieser auf sie übergegangen war, als Ausflüsse der jüdischen Lehre betrachteten [3].

Die Emanationslehre des Basilides ist uns nicht mit der wünschenswerthen Genauigkeit überliefert worden [4].

---

1) Iren. I, 24, 3.

2) Basilides nannte sich einen Schüler des Glaukias, welcher für einen Interpreten des Petrus ausgegeben wird. Clem. Alex. strom. VII p. 764.

3) Clem. Alex. strom. VI p. 641 sq. Die Griechischen Philosophen werden des literarischen Diebstals beschuldigt. Neander gnost. Systeme S. 64 findet hier Schwierigkeiten, welche nicht vorhanden sind. τῷ μὴ ὑπάρχοντι κατ᾽ αὐτοὺς σοφῷ, d. h. dem Weisen, welcher nach ihrer eigenen, der stoischen Lehre nicht vorhanden ist. Auch Baur, die christl. Gnosis S. 228 f., scheint mir auf einer falschen Färte zu sein, wenn er glaubt, Pherecydes werde hier besonders wegen seiner altpersischen Lehre erwähnt. Er hat den Basilidianern Bedeutung unstreitig wegen seiner Verbindung mit Pythagoras und mit der Lehre von der Seelenwanderung. Auf den Cham wird die Lehre des Pherecydes zurückgeführt, wie auch Baur S. 230 anerkennt, wegen der Abstammung der Ägypter von Cham und weil Pythagoras und Pherecydes von den Ägyptern ihre Lehre empfangen haben sollten.

4) Offenbar behandelt sie Irenäus a. a. O. nur flüchtig. Neander gnost. Syst. S. 82 und nach ihm Andere suchen den Grund darin, daß er Lehren der spätern Basilidianer eingemischt habe;

Wir wissen von ihr, daß sie, wie andere gnostische Systeme, acht oberste Stufen des Seins annahm [1]), deren Namen jedoch nicht mit völliger Sicherheit ausgemittelt werden können. Gewiß ist es, daß Basilides lehrte, der ungeborne Vater habe die Vernunft und die Vernunft das Wort aus sich erzeugt, nach einer Vorstellungsweise, welche in den verschiedensten Gestalten gnostischer Denkart vorkommt. Über den Sinn, in welchem diese drei ersten Stufen zusammengestellt werden, können wir nicht zweifelhaft sein. Es wird darin angedeutet, daß der oberste, unerkennbare Gott [2]) zuerst in einer innern, alsdann auch in einer äußern Offenbarung sich verkündet habe. Aus der äußern Offenbarung, dem Worte, läßt alsdann Basilides die Vernünftigkeit (φρόνησις) hervorgehn, aus dieser die Weisheit (σοφία) und die Kraft (δύναμις), aus beiden letztern endlich sollen die Tugenden, Fürsten und Engel, die Werkmeister der Welt, ihren Ursprung haben [3]).

---

dies gilt aber auch bei andern Gnostikern. Offenbar geht er bei jenen nicht so genau ein als bei den Valentinianern, weil er mit jenen nicht, wohl aber mit diesen praktisch zu thun hatte.

1) Clem. Alex. strom. IV p. 539.

2) Iren. II, 16, 2.

3) Ib. I, 24, 3. Nun primo ab innato natum patre, ab hoc autem natum Logon, deinde a Logo Phronesin, a Phronesi autem Sophiam et Dynamin, a Dynami autem et Sophia Virtutes et Principes et Angelos, quos et primos vocat et ab iis primum coelum factum. Folgte Irenäus Basilidianern, deren Pleroma nur aus 5 Hypostasen bestand? So etwas könnte man aus Iren. II, 16, 4 vermuthen, wo ich mit Grabe quod für quae lese. Denn hiernach soll das Pleroma über den 45 Ogdoaden sein, also über 360, die ganze Zahl der Himmel wird aber auf 365 gezählt. Man müßte, um dieser Annahme zu folgen, die Sophia und die

Wenn die Tugenden, Fürsten und Engel nicht zu der ersten Achtheit zu zählen sind, wie es nach Analogie anderer Systeme des Gnosticismus nicht anders genommen werden kann, so fehlen in dieser Aufzählung zwei Glieder der höchsten Emanationsreihe. Aus einer andern Überlieferung werden diese durch die Gerechtigkeit und den Frieden ergänzt [1]). Fragen wir nach der Bedeutung dieser Zusammenstellung — und ohne Bedeutung wird sie ja wohl nicht gewesen sein —, so wird das Auffallendste an ihr auch die geschickteste Handhabe sie zu enträthseln darbieten. Dies ist wohl ohne Zweifel, daß die Begriffe, aus welchen sie zusammengesetzt ist, vorherschend Tugenden bedeuten, und zwar nach der gewöhnlichen Weise, in welcher die Griechischen Philosophen ihre Haupttugenden aufzuzählen pflegten, nemlich die Vernünftigkeit, die Weisheit und die Gerechtigkeit. Daß diesen Tugenden alsdann der Friede sich zugesellt am Ende der ganzen Zusammenstellung, wird nicht befremden; er bezeichnet im Geiste der orientalischen Denkweise das Ziel der tugendhaften Gesinnung. Aber dreierlei muß Anstoß erregen, daß zwei verschiedene Ausdrücke für einerlei Haupttugend stehen, Vernünftigkeit und Weisheit, daß zwei Haupttugenden fehlen und daß die Kraft mitten unter diesen Tugenden steht, ein Begriff, welcher in diese ganze Reihe nicht zu

---

Dynamis zusammen als eine Emanationsstufe rechnen. Im Text folgen wir einer andern Erklärung, welche aber auch nicht als sicher gelten darf.

1) Clem. Alex. strom. l. l. *Βασιλείδης ὑποστατὰς δικαιοσύνην τε καὶ τὴν θυγατέρα αὐτῆς τὴν εἰρήνην ὑπολαμβάνει ἐν ὀγδοάδι μένειν ἐνδιατεταγμένας.*

passen scheint. Daß jedoch Vernünftigkeit und Weisheit von einander unterschieden werden, würde an sich weniger auffallen, als daß dabei die Weisheit der Vernünftigkeit untergeordnet wird, denn das Umgekehrte ist das Gewöhnliche [1]. Allein eben dies muß uns davon überzeugen, daß in diesen Lehren ein ungewöhnlicher, vielleicht von versteckten Absichten geleiteter Sprachgebrauch herscht. Bei diesem Stande der Dinge möchte es erlaubt sein einer Vermuthung zu folgen. Wenn die Vernünftigkeit von der Weisheit unterschieden und jene dieser vorgesetzt wird, so kann man unter jener nicht leicht etwas anderes verstehen als die himmlische, unter dieser die menschliche Weisheit, wie man wohl zu unterscheiden pflegte, wobei man denn jener die Kenntniß des Guten und des Bösen, dieser die Bezähmung der sinnlichen Triebe anwies [2], also das, was die Stoiker unter der Mäßigkeit (σωφροσύνη) verstanden. Haben wir nun nach dieser Auslegung schon drei der Platonischen oder stoischen Haupttugenden, so werden wir auch über die Bedeutung dessen, was Basilides in der Zusammenstellung seiner Emanationen Kraft nannte, nicht zweifelhaft sein können. Dies Wort ist nicht unpassend damit die vierte Haupttugend zu bezeichnen, die Tapferkeit, welche in der Stärke der Seele zu dulden und zu wirken gesucht wird [3]. Bis

---

1) Dies würde dem Aristotelischen Sprachgebrauche gemäß sein, welchen auch Philon zuweilen befolgt, z. B. de praem. et poen. 14.

2) Clem. Alex. strom. II p. 375. Vergl. Philo quis rerum div. her. p. 498 Mang. Auch bei den Valentinianern ist die σοφία die praktische Vernunft, welche in die Welt eingeht.

3) Vergl. Philo de fort. 3. p. 378. — ἀνδρείας, ἐπειδήπερ εὐτόνου καὶ γενναίας καὶ σφόδρα νενευρωμένης ψυχῆς ἐστί.

etwas Besseres geboten wird, dürfen wir wohl hoffen, daß diese Erklärung vom Sinne des Basilides nicht sehr weit sich entfernen werde. Seine Emanationslehre entwickelt sich darnach ganz verständlich. Aus der äußern, in vernünftiger Wirksamkeit sich entfaltenden Offenbarung Gottes gehn die vier Haupttugenden hervor, die Vernünftigkeit, welche das Gute vom Bösen unterscheidet und die Mäßigkeit, die Bezähmung der Triebe, hervorbringt, durch diese aber auch die sittliche Kraft der Tapferkeit erzeugt und die Gerechtigkeit in Vertheilung der äußern Güter zu ihrer Folge hat. In dem Besitz dieser Tugenden soll sich alsdann der Friede des Gemüths ergeben.

Unsere Erklärung setzt voraus, daß die Lehre des Basilides eine entschieden sittliche Richtung hielt. Dies ist aber auch aus der sonstigen Haltung seiner Meinungen sicher genug. Nur daß man nicht glauben muß, daß ihm das Sittliche in einem reinen Gegensatz gegen das Natürliche sich gezeigt habe. Dagegen würde es sprechen, daß ihm alles, was die wesentlichen Unterschiede der Menschen ihrem sittlichen Werthe nach bildet, als von Natur festgestellt erscheint. Der Glaube, welchen die Auserwählten haben, ist ihm etwas von Natur Gegebenes, ein Gnadengeschenk von Natur; er sieht die Christen als ein auserwähltes Geschlecht an, welches von Natur über der sinnlichen Welt stehe [1]. Und hiermit stimmt denn

---

1) Clem. Alex. strom. II p. 363; III p. 427; IV p. 540; V p. 545. φύσει τις τὸν θεὸν ἐπίσταται, ὡς Βασιλείδης οἴεται. — — φύσιν καὶ ὑπόστασιν, — — οὐχὶ δὲ ψυχῆς αὐτεξουσίου λογικὴν συγκατάθεσιν λέγει τὴν πίστιν.

auch der weitere Verlauf seiner Emanationslehre überein, welche uns freilich nur in ihren allgemeinen Zügen bekannt ist, in diesen aber auch unzweideutig verräth, daß sie in physischer Vorstellungsweise wurzele. Denn die Emanationen Gottes verlaufen zuletzt in die weltbildenden Kräfte, die Engel, und alle weltbildende Emanationen sollen die Zahl 365 umfassen, welche auf die Tage im Jahre hinweist und unstreitig aus astronomischen Vorstellungen hervorgegangen ist [1]. Nicht das Ethische bildet sich hier aus dem Physischen, sondern das Physische aus dem Ethischen heraus. Man könnte sagen, dieser Charakter läge schon in der Weise, in welcher Basilides die vier Tugenden der heidnischen Philosophie in der ersten Stufe seiner Emanationen in Verhältniß zu einander stellte. Denn auch hierbei zeigt es sich, daß seine Richtung darauf geht das rein Vernünftige allmälig zum Physischen herabsteigen zu lassen; in der Bezähmung der Triebe, in einer tapfern und kräftigen Spannung der Seele soll es sich bewähren; die Gerechtigkeit soll aus der Vernünftigkeit, nicht die Vernünftigkeit aus der Gerechtigkeit hervorgehn.

Diese Wendung der Lehre konnte nicht ohne die durchgreifendsten Folgen sein, oder vielmehr sie mußte aus dem Innersten der ganzen Denkweise hervorgehn und fast in allen Theilen des Systems sich zu erkennen geben, wenn sie nur einigermaßen folgerichtig durchgeführt wurde. Mit andern Emanationslehren hat es auch diese gemein,

---

1) Iren. I, 24, 3; 7. Daher werden auch 365 Himmel angenommen. Der mystische Name Abraxas oder Abrasax, an welchen ein weit verbreiteter Aberglaube sich anschließt, stellt diese Zahl dar.

daß sie die Dinge der übersinnlichen Welt nach verschiedenen Stufen der Unvollkommenheit aus ihrem ersten Grunde hervorgehn läßt; eine jede Stufe wird durch einen bestimmten Abstand (*διάστημα*) von der vorhergehenden gesondert. Der Vollkommenheit in ihrer vollen Bedeutung ist nur Gott theilhaftig; alle andere Stufen haben nur ein bestimmtes, durch ihre Natur festgesetztes Maß derselben. Nur nach diesem eigenthümlichen Maße ist dann auch jede Stufe des Bewußtseins des Göttlichen fähig, d. h. des Glaubens, denn mit diesem Namen bezeichnete Basilides das Bewußtsein des Göttlichen; jeder hat nur die Hoffnung auf das Maß des Guten, welches seiner Natur entspricht, und in Verhältniß zu dieser Hoffnung auch die Gabe des Glaubens [1]).

So wie das Gute, so ist aber auch das Böse dieser Lehre ein von Natur Gegebenes. Wie wir früher erwähnten, war es besonders die Frage über den Grund des Übels und des Bösen, was die Philosophie der Gnostiker beschäftigte. Durch die bedrängte Lage, in welcher die Christen der ersten Jahrhunderte sich sahen, wurde sie noch stärker angeregt. Da fragte man sich im Besondern, was für einen gerechten Grund diese Leiden der Gläubigen haben könnten. Einen solchen wollte Basilides nachweisen. Alles, sagte er, will ich lieber bekennen, als

---

1) Clem. Alex. strom. II p. 363. *φυσικὴν ἡγοῦνται τὴν πίστιν οἱ ἀμφὶ τὸν Βασιλείδην. — — ἔτι φασὶν οἱ ἀπὸ Βασιλείδου πίστιν ἅμα καὶ ἐκλογὴν οἰκείαν εἶναι καθ᾽ ἕκαστον διάστημα· κατ᾽ ἐπακολούθημα δ᾽ αὖ τῆς ἐκλογῆς τῆς ὑπερκοσμίου τὴν κοσμικὴν ἁπάσης φύσεως συνέπεσθαι πίστιν, κατάλληλόν τε εἶναι τῇ ἑκάστου ἐλπίδι καὶ τῆς πίστεως τὴν δωρεάν.*

daß der vorsehende Gott böse sei. Dann aber dürfen auch die Leiden der Martyrer nicht unverschuldet sein; sie haben entweder verborgene Verschuldungen auf sich gehäuft, für welche die jetzige Strafe unter einem andern Vorwande eine gerechte Vergeltung ist, oder sie sind mit den unschuldigen Kindern zu vergleichen, welche zwar nicht gesündigt zu haben scheinen, aber doch das Leiden, welches sie trifft, als Wohlthat aufnehmen müssen, weil sie das Vermögen zu sündigen in sich tragen und daher durch die frühen Leiden von vielem Ungemach befreit werden, welches sie getroffen haben würde, wenn jenes Vermögen in ihnen sich entwickelt hätte. Wir sind alle Menschen, Gott aber ist gerecht. Auch der, welcher nicht gesündigt hat, ist doch der Sünde voll; er hat das Sündige in sich; daß er nicht gesündigt hat, darf ihm nicht angerechnet werden; denn es fehlte ihm nur der Antrieb, gleichsam die Gelegenheit zur Sünde. Basilides scheint hiervon nicht einmal unsern Erlöser ausgenommen zu haben. Er spricht, als würde die Sünde unausbleiblich erfolgt sein, wenn nur die Versuchung dazu sich gefunden hätte. Von dem, welcher nicht gesündigt hat, behauptet er, der Wille zu sündigen habe ihm doch nicht gefehlt, weil er das Vermögen zu sündigen in sich trug; das Vermögen zum Bösen ist ihm also dem Willen zum Bösen gleich [1]). Uns

---

1) Basil. ap. Clem. Alex. strom. IV p. 506. ὡς οὖν τὸ νήπιον οὐ προημαρτηκὸς ἢ ἐνεργῶς μὲν οὐχ ἡμαρτηκὸς οὐδέν, ἐν ἑαυτῷ δὲ τὸ ἁμαρτῆσαι ἔχον (ex conj. Grab.), ἐπὰν ὑποβλήθῃ τῷ παθεῖν, εὐεργετεῖταί τε πολλὰ κερδαῖνον δύσκολα· οὑτωσὶ δὴ κἂν τέλειος μηδὲν ἡμαρτηκὼς ἔργῳ τύχῃ, πάσχῃ δὲ καὶ πάθῃ, ταὐτὸ ἔπαθεν ἐμφερῶς τῷ νηπίῳ, ἔχων μὲν ἐν ἑαυτῷ τὸ ἁμαρτη-

klebt das Böse an, wie unsere Natur; den Dingen dieser Welt, sagen die Basilidianer, folgen Mühsal und Furcht, wie dem Eisen der Rost [1]). Keiner ist rein von Schmutz. Daher sieht Basilides auch in dem Leiden, der Sünder, wie der Sündlosen, nicht sowohl eine gerechte Strafe, als eine Wohlthat [2]), welche die Reinigung des Menschen bezwecke.

Man muß nun natürlich fragen, woher dieser Schmutz ist, welcher uns anklebt. Denn aus der vorher angeführten Emanationslehre ergiebt sich ein solcher nicht. Auch nach ihr erscheint zwar die Unvollkommenheit der Ausflüsse, so wie das Gute, welches ihnen beiwohnt, als ein Natürliches; aber ihre Unvollkommenheit ist doch nichts Böses, keine Verunreinigung, sondern nur eine Verminderung des Guten, nichts Fremdartiges, von welchem unsere Natur gereinigt werden müßte. Wir müssen bemerken, daß wir in der ersten Achtheit des Basilides unstreitig noch in der übersinnlichen Welt uns finden, in welcher alles rein ist; denn erst die Engel, die niedrigste Stufe der göttlichen Ausflüsse, sollen die sinnliche Welt hervorbringen.

τικόν, ἀφορμὴν δὲ πρὸς τὸ ἡμαρτηκέναι μὴ λαβὼν οὐχ ἡμάρτανεν· ὥστ᾽ οὐχ αὐτῷ τὸ μὴ ἁμαρτῆσαι λογιστέον. ὡς γὰρ ὁ μοιχεῦσαι θέλων μοιχός ἐστι, κἂν τοῦ μοιχεῦσαι μὴ ἐπιτύχῃ, καὶ ὁ ποιῆσαι φόνον θέλον ἀνδροφόνος ἐστί, κἂν μὴ δύνηται φονεῦσαι· οὑτωσὶ δὲ καὶ τὸν ἀναμάρτητον, ὃν λέγω, ἐὰν ἴδω πάσχοντα, κἂν μηδὲν ᾖ κακὸν πεπραχώς, κακὸν ἐρῶ τῷ θέλειν ἁμαρτάνειν. πάντ᾽ ἐρῶ γὰρ μᾶλλον ἢ κακὸν τὸ προνοοῦν ἐρῶ. — — ἐρῶ ἄνθρωπον, ὅν τιν᾽ ἂν ὀνομάσῃς, ἄνθρωπον εἶναι, δίκαιον δὲ τὸν θεόν.

1) Ib. p. 509. ὁ πόνος καὶ ὁ φόβος, ὡς αὐτοὶ λέγουσιν, ἐπισυμβαίνει τοῖς πράγμασιν, ὡς ὁ ἰὸς τῷ σιδήρῳ.

2) Ll. ll.

Wie es nun hierbei zugehe, darüber vermissen wir hinlänglich ausführliche Nachrichten. Die Basilidianer erzählten von einer uranfänglichen Verwirrung und Vermischung, von welcher sie die unreinen Anhängsel unserer vernünftigen Seele ableiteten; mit diesem Namen bezeichneten sie die leidenden Gemüthsbewegungen, die sinnlichen Begierden in uns. Sie betrachteten diese auch nach stoischer Weise als geistige oder luftartige Kräfte (*πνεύματα*) und verglichen sie mit den physischen Stufen, durch welche die Stoiker die Verschiedenheiten der unvernünftigen Wesen, d. h. der Thiere, der Pflanzen und der unbelebten Dinge zu bezeichnen pflegten. Die uranfängliche Verwirrung also entsteht ihnen daher, daß der vernünftigen Seele das Thierartige, Pflanzenartige, ja das unorganische Wesen sich ansetzt [1]. Es ist begreiflich, wie dadurch der Ursprung des Sündlichen erklärt werden soll. Doch der Ausdruck uranfängliche Verwirrung, durch welchen der Beginn dieser Dinge bezeichnet werden soll, ist zwei-

---

1) Clem. Alex. strom. p. 408. *οἱ δ᾽ ἀμφὶ τὸν Βασιλείδην προσαρτήματα τὰ πάθη καλεῖν εἰώθασιν· πνεύματά τινα ταῦτα κατ᾽ οὐσίαν ὑπάρχειν προσηρτημένα τῇ λογικῇ ψυχῇ κατά τινα τάραχον καὶ σύγχυσιν ἀρχικήν. ἄλλας τε αὖ πνευμάτων νόθους καὶ ἑτερογενεῖς φύσεις προσεπιφύεσθαι ταύταις* (sc. *ταῖς λογικαῖς ψυχαῖς*), *οἷον λύκου, πιθήκου, λέοντος, τράγου, ὧν τὰ ἰδιώματα περὶ τὴν ψυχὴν φανταζόμενα τὰς ἐπιθυμίας τῆς ψυχῆς τοῖς ζῴοις ἐμφερῶς ἐξομοιοῦν λέγουσιν· ὧν γὰρ ἰδιώματα φέρουσι, τούτων τὰ ἔργα μιμοῦνται. καὶ οὐ μόνον ταῖς ὁρμαῖς καὶ φαντασίαις τῶν ἀλόγων ζῴων προσοικειοῦνται, ἀλλὰ καὶ φυτῶν κινήματα καὶ κάλλη ζηλοῦσι διὰ τὸ καὶ φυτῶν ἰδιώματα προσηρτημένα φέρειν· ἔχει δὲ καὶ ἕξεως ἰδιώματα, οἷον ἀδάμαντος σκληρίαν.* Der eigenthümliche Gebrauch von *ἕξις* zur Bezeichnung der unbelebten Natur und von *πνεῦμα* verräth den Einfluß stoischer Lehren.

deutig; er kann gewählt sein um damit eine Verwirrung anzudeuten, welche zu Anfang der Welt eintrat, oder auch eine Verwirrung uranfänglicher Wesen, verschiedenartiger Urgründe kann darunter verstanden werden. Doch auch schon die Weise, in welcher die Basilidianer nach der angeführten Stelle die Entstehung des Bösen beschrieben als daraus hervorgehend, daß bastardartige und fremdartige Naturen, geisterhafte Kräfte der vernünftigen Seele sich angehängt hätten, führt auf die Annahme, daß sie die Entstehung der sinnlichen Welt aus einer Vermischung zweier Wesen von entgegengesetzter Natur ableiteten und zwar solcher Wesen, von welchen ein jedes eine eigene Kraft, eine positive Wirksamkeit habe. Die Weltbildung, welcher die Engel vorstehn sollen, vollzieht sich nicht dadurch, daß sie nur einer leidenden Materie die vernunftmäßige Form geben, sondern sie ergiebt sich in einem Kampfe entgegengesetzter Kräfte; dies scheint der Sinn dieser Lehre zu sein.

Sollten die angeführten Ausdrücke und der Gang unserer frühern Untersuchungen noch einen Zweifel übrig lassen, ob wir die richtige Ansicht von der Lehre der Basilidianer gefaßt hätten, so würden ihn die eigenen Worte ihres Meisters niederschlagen, in welchen er sich auf die Lehren der Barbaren zur Bestätigung seiner eigenen Behauptungen beruft. Zwei Uranfänge aller Dinge hätten sie gesetzt, von welchen dem einen das Gute, dem andern das Böse zukomme, das Licht und die Finsterniß, beide ein wahres Sein. So lange diese für sich selbst blieben, führten sie ein jeder ihr eigenes Leben nach ihrem eigenen Willen, jeder sich selbst befreundet; denn nieman-